FORSCHUNGSBERICHTE DES LANDES NORDRHEIN-WESTFALEN

Nr. 3159 / Fachgruppe Wirtschafts- und Sozialwissenschaften

Herausgegeben vom Minister für Wissenschaft und Forschung

Dr. rer. pol. Hermann Witte

Forschungsgruppe Industrie- und Verkehrspolitik
am Institut für Stabilisierungs- und Strukturpolitik
der Universität Bonn

# Analyse der Auswirkungen von unterschiedlichen Formen der Finanzierung öffentlicher Verkehrsinvestitionen



Westdeutscher Verlag 1983

CIP-Kurztitelaufnahme der Deutschen Bibliothek

Witte, Hermann:
Analyse der Auswirkungen von unterschiedlichen Formen der Finanzierung öffentlicher Verkehrsinvestitionen / Hermann Witte. - Opladen : Westdeutscher Verlag, 1983.
(Forschungsberichte des Landes Nordrhein-Westfalen ; Nr. 3159 : Fachgruppe Wirtschafts- u. Sozialwiss.)

NE: Nordrhein-Westfalen: Forschungsberichte des Landes ...


Herstellung: Westdeutscher Verlag

ISBN 978-3-531-03159-0 ISBN 978-3-322-87578-5 (eBook)
DOI 10.1007/978-3-322-87578-5

## INHALT

TABELLENVERZEICHNIS

## ABBILDUNGSVERZEICHNIS

# A. EINLEITUNG: ZUR PROBLEMSTELLUNG UND DEN ZIELEN DER UNTERSUCHUNG

## I. DIE PROBLEMSTELLUNG

Verkehrsinvestitionen sind in der Bundesrepublik im wesentlichen öffentliche Investitionen. Dem Staat obliegt die Planung, Durchführung und Finanzierung dieser Kapitalanlagen. Die diesbezüglichen Aktivitäten des Staates haben vielfältige Auswirkungen auf Wirtschaft und Gesellschaft. Neben der Tatsache, daß durch die Aktivitäten des Staates der Bestand an materieller Verkehrsinfrastruktur erhöht wird, tritt eine Vielzahl von Effekten auf, die die Struktur von Wirtschaft und Gesellschaft beeinflussen. In der Literatur sind vor allem die Auswirkungen erörtert worden, die sich aus dem Bau von Verkehrsinfrastruktureinrichtungen und ihrer Benutzung ergeben.[1] Die Effekte, die sich aus der Finanzierung dieser Investitionen ergeben, sind hingegen vernachlässigt worden. Die Literatur hat sich zwar mit finanzwirtschaftlichen Inzidenzproblemen dieser Investitionen auseinandergesetzt[2], der Zusammenhang zwischen der Finanzierungsform und den verkehrsökonomischen Auswirkungen der Verkehrsinfrastruktur ist hingegen nicht explizit analysiert worden. Dies scheint jedoch sinnvoll, denn es ist denkbar, daß die verkehrsökonomischen Auswirkungen über die Finanzierungsform der Verkehrsinfrastruktur in ihrer Intensität und Richtung gesteuert werden können. Für die Verkehrspolitik ergebe sich damit die Möglichkeit, die <u>unerwünschten</u> Auswirkungen - sprich die <u>Entleerungseffekte</u> - der Verkehrsinvestitionen unter Kontrolle zu bekommen. Der Instrumentalcharakter der Finanzierung würde wesentlich erweitert werden.

Inwieweit der Verkehrspolitik aus der Finanzierung von Verkehrsinfrastruktureinrichtungen Möglichkeiten zur Steuerung der induzierten Effekte erwachsen können, ist nur aufgrund der Analyse des Zusammenhangs von verkehrsökonomischen Auswirkungen dieser Infrastrukturinvestitionen und den verschiedenen Finanzierungsformen zu beurteilen. Die Aufgabe dieser Studie ist daher, den aufgezeigten, in der Literatur bisher nicht explizit erörterten Problembereich zu analysieren. Wenn der vermutete Zusammenhang tatsächlich bestehen sollte, so sind entsprechende Vorschläge und Strategien zu entwickeln, um die identifizierten Fakten für die praktische Verkehrspolitik einsetzbar zu gestalten. Es wird zu zeigen sein, inwiefern die Verkehrspolitik durch die Wahl der Finanzierungsform ihrer Investitionen einen höheren Zielerreichungsgrad herstellen kann.

## II. DIE ZIELE DER UNTERSUCHUNG

Das Hauptziel der vorliegenden Untersuchung ergibt sich aus der Problemstellung. Dieses Hauptziel ist in weitere Unterziele zu differenzieren. Das Hauptziel lautet: "Analyse des Zusammenhangs von Finanzierungsform und verkehrsökonomischen Auswirkungen öffentlicher Verkehrsinvestitionen". Aus dieser Zielsetzung ergeben sich zwei untergeordnete Zielsetzungen. Erstens, die Darstellung und Diskussion der verschiedenen Finanzierungsformen von öffentlichen Verkehrsinvestitionen und zweitens, die der verkehrsökonomischen Auswirkungen. Auf die Erörterung des zweiten Problemkreises soll in diesem Rahmen allerdings verzichtet werden. Die Problematik ist in der verkehrswissenschaftlichen Literatur ausgiebig behandelt worden. Eine erneute Darstellung der Fakten und Probleme ist nicht notwendig. Der Hinweis auf die entsprechende Literatur erscheint daher ausreichend.[3)]

Der erste Problemkreis ist hingegen explizit zu betrachten. Es sind nicht nur die verschiedenen Finanzierungsformen, sondern auch der Finanzbedarf für öffentliche Verkehrsinvestitionen darzustellen. Die Höhe des Finanzbedarfs gibt Aufschlüsse über die volkswirtschaftliche Relevanz der Investitionen im Verkehrssektor und ihrer Auswirkungen. Die Auswirkungen der Finanzierungsformen bilden den Schwerpunkt der Untersuchung. Die Basis der Analyse der Auswirkungen der verschiedenen Finanzierungsformen stellt ein System von Hypothesen dar, das die Wirkungszusammenhänge charakterisiert. Die Darstellung dieses Hypothesensystems ist ein weiteres Unterziel der Untersuchung. Es wird daher die Aufgabe sein, über die zu vermutenden Wachstums- und Struktureffekte Informationen zu vermitteln. Dabei muß unterstellt werden, daß die Effekte sowohl positiven wie negativen Charakter haben können.

Die Diskussion der Auswirkungen der verschiedenen Finanzierungsformen von öffentlichen Verkehrsinvestitionen setzt voraus, daß der Begriff öffentliche Verkehrsinvestitionen definiert ist. Eventuell existierende Probleme sind aufzuzeigen und in ihren Konsequenzen zu umreißen. Als ein Ziel der Studie ergibt sich somit die Definition eines relevanten Begriffsinhalts öffentlicher Verkehrsinvestitionen und ihrer Arten.

Ein weiteres Ziel der Studie ist es, die Ergebnisse in konkrete Handlungsanweisungen für die praktische Verkehrspolitik zu transformieren. Die unreflektierte

Darstellung der Ergebnisse würde ihnen den Charakter einer "l'art pour l'art" verleihen. Dies sollte aber nicht Zielsetzung der vorliegenden Studie sein.

## III. GANG DER UNTERSUCHUNG

Sowie sich aus der Problemstellung die Ziele der Untersuchung ableiten, so ergibt sich aus den Zielen der Gang der Untersuchung. Ausgangspunkt der Untersuchung ist die Definition der öffentlichen Verkehrsinvestitionen und ihrer Arten. Es wird zu klären sein, ob an sich öffentliche Investitionen auch über privatwirtschaftliche Finanzierungsformen zu finanzieren sind und ob in diesem Fall der Begriff "öffentlich" weiterhin seine Berechtigung behält. Eine Verwässerung des Begriffs "öffentlich" scheint zumindest gegeben. Soll dies vermieden werden, so sind die privaten Finanzierungsformen aus der Betrachtung auszuschließen. Dies hieße aber eine wesentliche Finanzierungsmöglichkeit zu eliminieren.

Nach der Definition des Begriffs "öffentliche Verkehrsinvestition" ist der Finanzbedarf für diese Investitionen darzustellen. Als Untersuchungszeitraum wird die Zeitspanne von 1950 - 1980 gewählt. Zudem soll der künftige Finanzbedarf für öffentliche Verkehrsinvestitionen gemäß der existierenden Finanzpläne verdeutlicht werden. Auf die Veränderungen des Finanzbedarfs im Betrachtungszeitraum und eventuelle Begründungen wird in diesem Zusammenhang näher einzugehen sein.

Desweiteren sind die verschiedenen Formen der Finanzierung öffentlicher Verkehrsinvestitionen darzustellen. Es soll auf abgabenwirtschaftliche, erwerbswirtschaftliche, kreditwirtschaftliche sowie sonstige Finanzierungsmöglichkeiten eingegangen werden. Schließlich ist die Analyse der Auswirkungen der verschiedenen Finanzierungsformen auf der Basis eines Systems von Hypothesen zu leisten. Hierzu wird auf die Erkenntnisse der Verkehrswissenschaft bezüglich der allgemeinen Wachstums- und Struktureffekte von Verkehrsinvestitionen zurückzugreifen sein.

Abschließend sind die Ergebnisse der Studie zusammenzufassen und in Handlungsanweisungen für die praktische Verkehrspolitik zu transformieren.

# B. HAUPTTEIL: ANALYSE DES FINANZBEDARFS UND DER WIRKUNGEN VERSCHIEDENER FINANZIERUNGSFORMEN ÖFFENTLICHER VERKEHRSINVESTITIONEN

## I. DIE DEFINITION ÖFFENTLICHER VERKEHRSINVESTITIONEN

Öffentliche Verkehrsinvestitionen sind Ausgaben[4] der öffentlichen Hände für die materielle, institutionelle und personelle Verkehrsinfrastruktur.[5] Das Besondere dieser Investitionen ist, daß für sie kein Markt und damit auch keine Marktpreise existieren. Eine einzelwirtschaftliche Rentabilität ist nicht gegeben. Es handelt sich um sogenannte öffentliche Güter für die kein Ausschlußprinzip besteht. Die verursachten Aus- und Einzahlungsströme sind nicht eindeutig zurechenbar. Zudem bedingen Verkehrsinvestitionen meist ein erhebliches Finanzvolumen. Verkehrsinvestitionen werden daher in der Regel als öffentliche Investitionen durchgeführt.

Die Diskussion alternativer Finanzierungsformen von Verkehrsinvestitionen kann konsequenterweise nicht an den Formen der Finanzierung vorbeigehen, die sich bei privatwirtschaftlicher Abwicklung dieser Investitionen anbieten. Damit verändert sich der Charakter der Investitionen. Aus öffentlichen werden private Investitionen. Diese Tatsache hat notgedrungen Auswirkungen auf die Modalitäten unter denen die Investitionen durchgeführt und genutzt werden. Hierauf ist im einzelnen bei den Finanzierungsformen einzugehen.

Bisher war die Abgrenzung von öffentlichen und privaten Investitionen in Anlehnung an die Finanzierungsform eindeutig. Werden hingegen Mischformen von öffentlicher und privater Finanzierung praktiziert, so kann eine Investition nicht mehr eindeutig als öffentlich oder privat bezeichnet werden. Die Aussagekraft der Definition ist nicht mehr gegeben. Die Grenzen zwischen öffentlichen und privaten Investitionen verschwimmen. Im folgenden soll daher auch nicht mehr von öffentlichen oder privaten Verkehrsinvestitionen gesprochen werden. Die Bezeichnung "Verkehrsinvestition" scheint hinreichend.

### 1. DIE ABGRENZUNG VON VERKEHRSINVESTITIONEN

Unter Verkehrsinvestition ist nach der herkömmlichen Begriffsabgrenzung ein Prozeß zu verstehen, der aus einer Reihe von Aus- und Einzahlungen besteht.

Am Anfang steht eine Auszahlung, die bis zur Eliminierung des Investitionsobjektes weitere Aus- und Einzahlungen zur Folge hat.[6] Bei Verkehrsinvestitionen sind die Ein- und Auszahlungsströme nicht immer bzw. alle eindeutig zurechenbar. Zudem ist die Nutzungsdauer der Investitionsobjekte nicht eindeutig bestimmbar. Der herkömmliche Investitionsbegriff ist daher für Verkehrsinvestitionen nicht adäquat. Die in der verkehrswissenschaftlichen Literatur herausgestellten Wirkungen von Verkehrsinvestitionen, die zum Teil nur qualitativ und nicht in Geldeinheiten erfaßt werden können, müßten bei dem auf monetäre Erfaßbarkeit ausgerichteten herkömmlichen Investitionsbegriff vernachlässigt werden. Es scheint daher angebracht, von einem weitergefaßten Investitionsbegriff auszugehen. In diesem Zusammenhang soll folglich unter Verkehrsinvestition jede Beschaffung und Erstellung von Produktionsfaktoren verstanden werden, die zur Befriedigung konsumptiver, produktiver und integrativer Verkehrsbedürfnisse dient und eine determinierte, zeitlich nicht unterschreitbare Kapitalbindung bewirkt.[7]

Diese Begriffsabgrenzung basiert auf dem monetären Konzept, ist aber auch offen für nicht monetär erfaßbare Wirkungen von Verkehrsinvestitionen. Diese Definition scheint folglich zweckmäßiger als die herkömmliche.

## 2. DIE KLASSIFIZIERUNG VON VERKEHRSINVESTITIONEN

Im allgemeinen unterscheidet die Literatur Real- und Finanzinvestitionen. Für den Bereich Verkehr sind die Finanzinvestitionen gegenüber den Realinvestitionen von untergeordneter Bedeutung. Die finanziellen Verflechtungen der einzelnen öffentlichen Institutionen im Rahmen der Realisierung von Verkehrsinvestitionen können zum Beispiel nicht als Finanzinvestitionen im eigentlichen Sinne aufgefaßt werden. Im folgenden soll daher zwischen unmittel- und mittelbaren Verkehrsinvestitionen unterschieden werden. Als unmittelbare Verkehrsinvestitionen sind die Realinvestitionen zu verstehen. Die mittelbaren Verkehrsinvestitionen sind hingegen nicht mit den Finanzinvestitionen identisch, sondern ihnen nur ähnlich. Beide Investitionsarten müssen in den folgenden Abschnitten näher spezifiziert werden.

ABB. 1: KLASSIFIZIERUNG DER VERKEHRSINVESTITIONEN

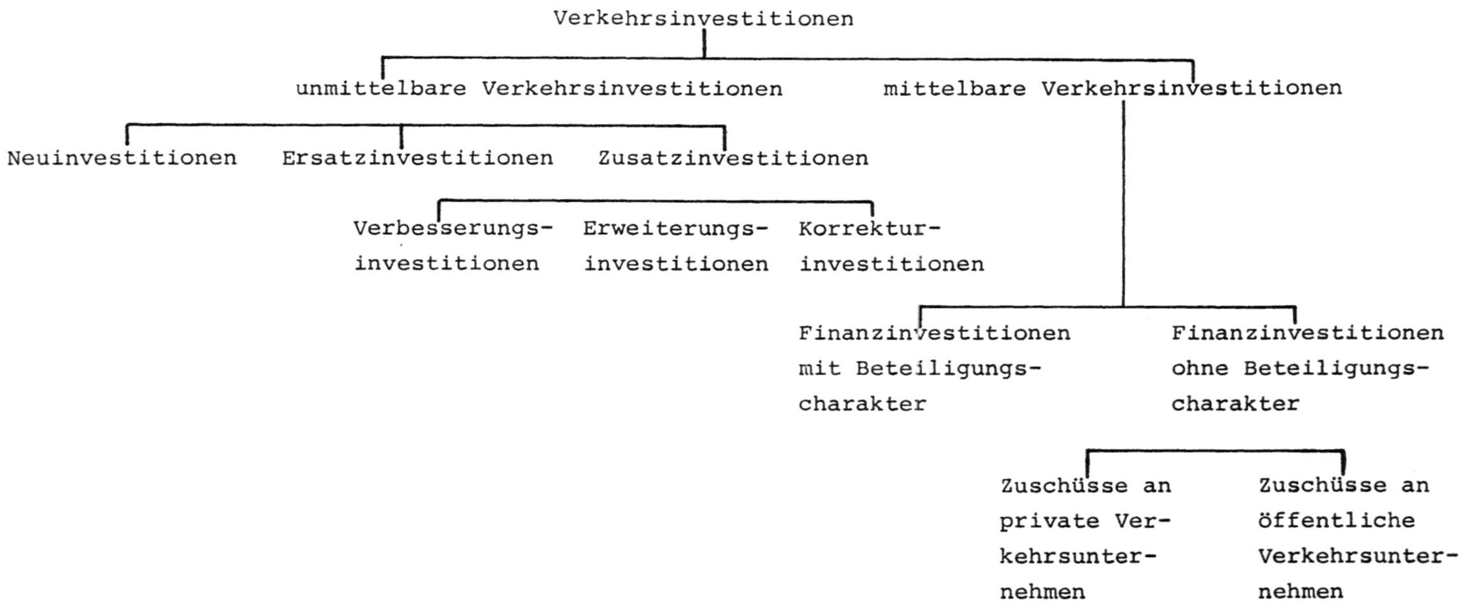


Quelle: Jorg-Günther GRUNWALD; Hermann WITTE: Möglichkeiten zur Deckung des Finanzbedarfs öffentlicher Verkehrsinvestitionen, Diskussionspapiere der Gesellschaft für wirtschafts- und verkehrswissenschaftliche Forschung, Abt. Spar-, Giro- und Kreditwesen, Heft 32, Bonn 1978. S. 4.

### a. MITTELBARE VERKEHRSINVESTITIONEN

Mittelbare Verkehrsinvestitionen sind Beteiligungen und Zuwendungen der öffentlichen Hände (vor allem des Bundes) an bzw. zu Investitionen in die Verkehrsinfrastruktur, die von anderen Gebietskörperschaften und/oder privaten Gesellschaften vorgenommen werden.

Für die vorliegende Studie ist die Klassifizierung dieser Investitionsart als mittelbar weniger von Bedeutung als die Tatsache, daß durch die Beteiligung oder Zuwendung einer öffentlichen Institution eine bestimmte Finanzierungsform realisiert wird. Im Verlauf der Studie wird diese Finanzierungsform Gegenstand der Analyse sein und nicht die Tatsache, eine mittelbare Verkehrsinvestition vor sich zu haben.

### b. UNMITTELBARE VERKEHRSINVESTITIONEN

Die realen bzw. unmittelbaren Verkehrsinvestitionen können ihrerseits wieder in Neu-, Ersatz- und Zusatzinvestitionen differenziert werden.[8] Es besteht die berechtigte Vermutung, daß die Intensität der verkehrsökonomischen Auswirkungen dieser Investitionsarten nicht gleich ist. Von Neuinvestitionen spricht man, wenn eine total neue Verkehrseinrichtung geschaffen wird, die vorher auch nicht in ähnlicher oder anderer Form bestanden hat. So kann zum Beispiel eine Autobahn nur als Neuinvestition bezeichnet werden, wenn zwischen zwei Punkten im Raum eine neue Verkehrsrelation errichtet wird. Ist diese Relation vorher bereits von einer Straße geringeren Qualitätsstandard erschlossen gewesen, kann die Autobahn nicht als Neuinvestition betrachtet werden. In entwickelten Volkswirtschaften sind Neuinvestitionen in der Regel kaum mehr möglich, da die Verkehrssysteme sehr gut ausgebaut sind und einen entsprechend hohen Erschließungsgrad besitzen. Selbst die Realisierung der in der Planung befindlichen neuen Verkehrstechnologien dürfte nur in wenigen Fällen zu echten Neuinvestitionen führen.

Um Ersatzinvestitionen handelt es sich, wenn die bestehenden Verkehrseinrichtungen ihre Lebens- bzw. Nutzungsdauer erreicht haben und durch neue Anlagen ersetzt werden müssen. Reine Ersatzinvestitionen dürften in entwickelten Verkehrssystemen ebenso selten sein wie reine Neuinvestitionen. In der Regel wird eine neue Verkehrseinrichtung nicht in der gleichen Qualität und/oder Quantität erstellt wie die alte Anlage. Aufgrund des technischen Fortschritts werden Anlagen höherer Qualität und anderer Quantität realisiert. Sie sind somit nicht als Ersatz- sondern als Zusatzinvestition anzusehen. Die verkehrsökonomischen Auswirkungen von reinen Ersatzinvestitionen sind zudem als sehr gering zu bezeichnen. Zusatzinvestitionen sind folglich solche Investitionen, die gegenüber dem bisherigen Leistungspotential des Verkehrssystems eine qualitative und/oder quantitative Steigerung bewirken. Nach den bisherigen Ausführungen dürfte diese Investitionsart in der verkehrswirtschaftlichen Praxis vor allem in entwickelten Volkswirtschaften am häufigsten anzutreffen sein. Liegt lediglich eine qualitative Steigerung des Verkehrsleistungspotentials vor, so wird die Investition als Verbesserungsinvestition bezeichnet. Entsprechend handelt es sich bei einer reinen quantitativen Steigerung des Leistungspotentials eines Verkehrssystems um eine Erweiterungsinvestition. Beim Vorliegen einer qualitativen und einer quantitativen Steigerung des Leistungspotentials sprechen wir von einer Korrekturinvestition. Der Begriff Zusatzinvestition ist demnach als Oberbegriff anzusehen, der je nach Art der Potentialsteigerung eine der drei erwähnten Formen annehmen kann.

Die verkehrsökonomischen Auswirkungen von Verkehrsinvestitionen sind in ihrer Richtung und Intensität vermutlich mindestens von der realisierten Verkehrswertigkeit, der geforderten Affinität und den Potentialfaktoren des Wirtschaftsraumes abhängig. Diese Auffassung wird jedenfalls bisher in der verkehrwissenschaftlichen Literatur vertreten.[9] In dieser Studie wird ferner eine Abhängigkeit der verkehrsökonomischen Auswirkungen von der Finanzierungsform unterstellt. Damit wäre eine Abgrenzung der Investitionsarten vermutlich überflüssig. Der Finanzierungsaspekt und seine Auswirkungen sind Untersuchungsgegenstand. Da jedoch die Richtung und vor allem die Intensität der verkehrsökonomischen Auswirkungen von der Art der Investition abhängt, besteht auch ein Einfluß auf die Richtung und Intensität der Auswirkungen, die in Abhängigkeit von der Finanzierungsform induziert werden. Dieses Beziehungsverhältnis soll im Rahmen dieser Studie nicht weiter analysiert werden, da entsprechende Informationen nicht zur Verfügung stehen. Diese Tatsache darf aber nicht darüber hinwegtäuschen, daß die erwähnten Wirkungszusammenhänge existieren. Eine Abgrenzung der Investitionsformen hilft die Existenz des Zusammenhangs zu verdeutlichen. Für die folgenden Ausführungen ist die Abgrenzung jedoch nicht weiter von Bedeutung. Der Tatbestand, daß eine Verkehrsinvestition - gleich welcher Form - existiert, ist als Basis der vorliegenden Studie ausreichend.

## II. ANALYSE DES FINANZBEDARFS FÜR VERKEHRSINVESTITIONEN

Um die Bedeutung von Verkehrsinvestitionen zu belegen, soll im folgenden zunächst der Finanzbedarf für Verkehrsinvestitionen und seine Entwicklung dargestellt werden. Diese Darstellung kann nach verschiedenen Kriterien erfolgen. Es bietet sich die Gliederung nach Finanzierungsträgern, nach Verkehrsmitteln und nach dem zeitlichen Aspekt an. Hier soll versucht werden alle drei Kriterien zu berücksichtigen. Inwieweit dies aufgrund der veröffentlichten statistischen Unterlagen möglich ist, wird sich zeigen müssen. Zunächst sei die Vielfalt der öffentlichen Finanzierungsträger von Verkehrsinvestitionen gemäß ihrer rechtlichen Grundlage aufgezeigt (vgl. ABB. 2 und 3).

Als öffentliche Träger von Verkehrsinvestitionen können öffentliche Haushalte im engeren Sinne, d.h. die Gebietskörperschaften Bund, Länder, Gemeinden und Gemeindeverbände, die öffentlichen Haushalte im weiteren Sinne, d.h. die Sondervermögen des Bundes (Bundesbahn und Bundespost), die Körperschaften und Anstalten des öffentlichen Rechts, die öffentlichen Unternehmen des privaten Rechts sowie die gemischtwirtschaftlichen Unternehmen auftreten.

### 1. ENTWICKLUNG DES FINANZBEDARFS FÜR VERKEHRSINVESTITIONEN DARGESTELLT NACH ÖFFENTLICHEN TRÄGERN

Der Finanzbedarf für Verkehrsinvestitionen kann am ehesten an den Ausgaben verdeutlicht werden. Die Ausgaben liegen zwar erheblich über dem Investitionsvolumen, doch in Ermangelung einer detaillierten Aufschlüsselung der Ausgaben in der amtlichen Statistik muß dieser Indikator hinreichen. Zunächst soll auf die Ausgaben der öffentlichen Haushalte für das Verkehrs- und Nachrichtenwesen insgesamt eingegangen werden (vgl. TAB. 1). Aufgrund von Veränderungen im Aufbau der amtlichen Statistik ist der Betrachtungszeitraum in dem vergleichbare Daten vorliegen auf die Zeit von 1967 - 1979 beschränkt. Lediglich für den Bereich Straßen ist eine Erweiterung des Betrachtungszeitraumes bis 1961 sinnvoll. Allerdings besteht auch in diesem Fall aufgrund der nicht berücksichtigten Verwaltungskosten eine Verzerrung im Aussagegehalt gegenüber den Daten des Zeitraumes 1967 - 1979. Die Ausgaben für das Verkehrs- und Nachrichtenwesen stiegen im Untersuchungszeitraum um rund 142 %, die für Straßen um 105 % bzw. um 293 % seit 1961, die für Wasserstraßen um 176 %, die für Schienenverkehr um 561 %,

ABB. 2: FINANZIERUNGSTRÄGER ÖFFENTLICHER VERKEHRSINVESTITIONEN

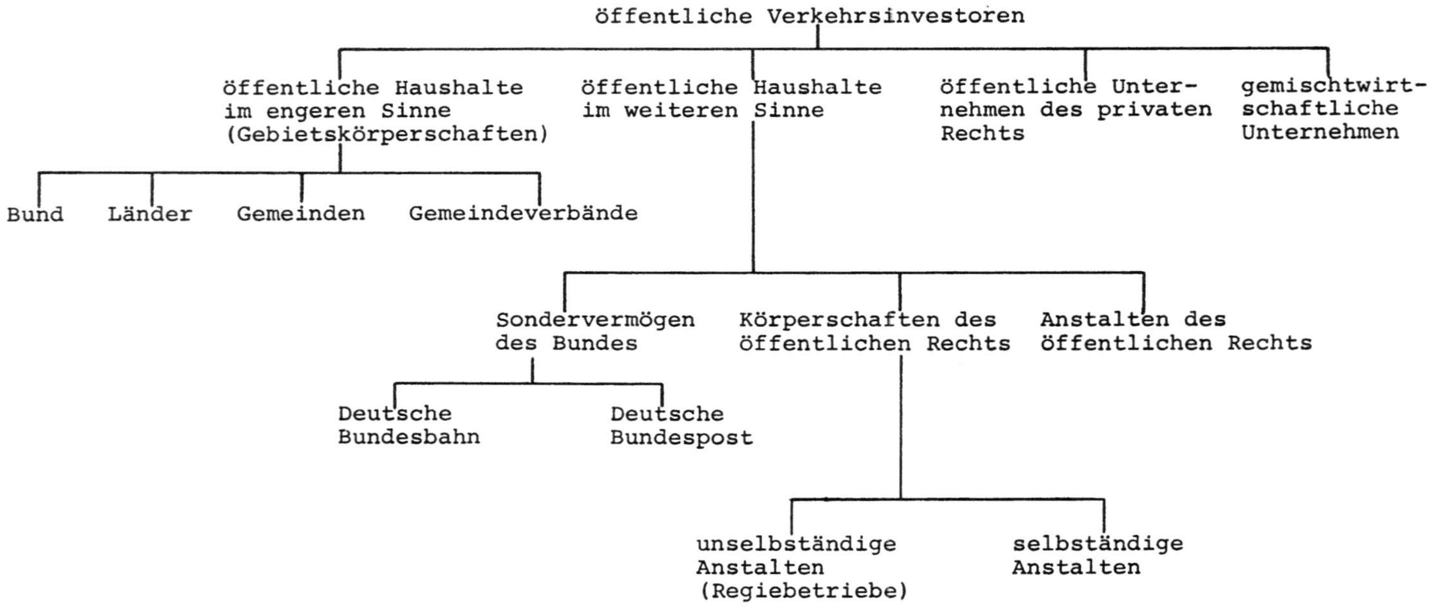


Quelle: Jorg-Günther GRUNWALD; Hermann WITTE: Möglichkeiten zur Deckung ..., S. 20.

ABB. 3: RECHTSGRUNDLAGEN ÖFFENTLICHER VERKEHRSINVESTITIONEN

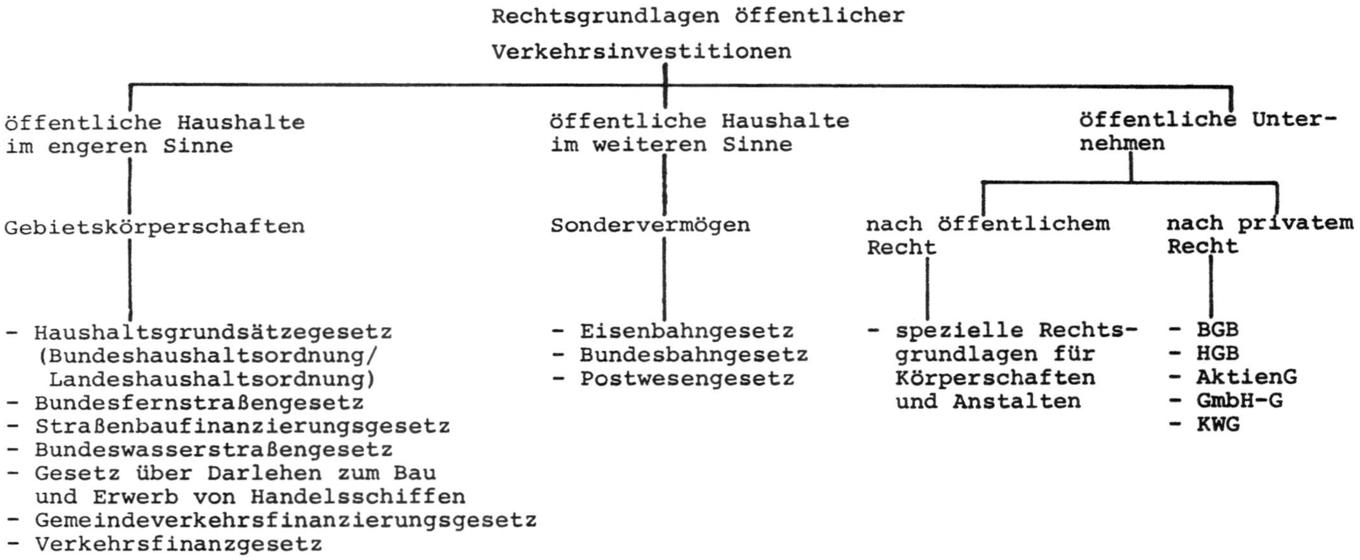


Quelle: Jorg-Günther GRUNWALD; Hermann WITTE: Möglichkeiten zur Deckung ..., S. 7.

TAB. 1: AUSGABEN DER ÖFFENTLICHEN HAUSHALTE FÜR DAS VERKEHRS- UND NACHRICHTENWESEN NACH AUFGABENBEREICHEN (in Mill. DM)

| Jahr | insgesamt | Straßen einschl. Verw. | Wasserstraßen u. Häfen einschl. Verw. | Schienenverkehr | Luftfahrt | sonstige |
|---|---|---|---|---|---|---|
| 1961 | - | 5.672,5[1)] | - | - | - | - |
| 1962 | - | 7.004,1[1)] | - | - | - | - |
| 1963 | - | 8.359,5[1)] | - | - | - | - |
| 1964 | - | 9.118,8[1)] | - | - | - | - |
| 1965 | - | 9.708,0[1)] | - | - | - | - |
| 1966 | - | 10.070,5[1)] | - | - | - | - |
| 1967 | 12.688,9 | 10.872,8 | 939,4 | 480,0 | 135,0 | 241,8 |
| 1968 | 13.117,9 | 11.281,1 | 943,6 | 495,9 | 138,7 | 258,6 |
| 1969 | 15.288,9 | 13.036,1 | 976,3 | 583,0 | 261,2 | 432,3 |
| 1970 | 17.585,3 | 14.891,6 | 1.117,2 | 570,5 | 296,5 | 709,5 |
| 1971 | 19.850,6 | 16.347,6 | 1.300,9 | 894,1 | 358,8 | 949,2 |
| 1972 | 20.807,0 | 16.623,5 | 1.437,3 | 1.453,6 | 427,9 | 864,7 |
| 1973 | 21.645,9 | 17.324,3 | 1.462,6 | 1.614,9 | 425,4 | 818,9 |
| 1974[a)] | 24.062,8 | 18.741,2 | 1.965,1 | 1.887,8 | 490,5 | 978,2 |
| 1974[b)] | 23.012,3 | 17.690,7 | 1.965,1 | 1.887,8 | 490,5 | 978,2 |
| 1975 | 23.655,8 | 17.562,7 | 2.208,6 | 2.334,2 | 502,6 | 1.047,8 |
| 1976 | 23.091,0 | 17.152,7 | 2.202,6 | 2.052,9 | 449,6 | 1.233,2 |
| 1977 | 24.419,8 | 18.042,0 | 2.376,9 | 2.204,6 | 472,8 | 1.323,5 |
| 1978 | 26.941,2 | 20.052,6 | 2.626,6 | 2.467,3 | 467,0 | 1.327,5 |
| 1979 | 30.688,6 | 22.311,4 | 2.593,1 | 3.174,2 | 545,3 | 2.064,7 |

1) ohne Verwaltung.

a) nach altem Ermittlungsverfahren } gilt auch für die
b) nach neuem Ermittlungsverfahren } folgenden Tabellen.

Quelle: STATISTISCHES BUNDESAMT (Hrsg.): Fachserie L (ab 1974: 14) "Finanzen und Steuern", Reihe 5 (ab 1974: 3.7), Ausgaben (Rechnungsergebnisse) der öffentlichen Haushalte für Verkehr und Nachrichtenwesen 1961-1979, Stuttgart und Mainz 1961 - 1979.

die für Luftfahrt um 304 % und die für sonstigen Verkehr um 754 %. In TAB. 2 ist die entsprechende prozentuale Verteilung der Ausgaben für Verkehr und Nachrichtenwesen dargestellt. Die Ausgaben insgesamt sind gleich 100 % gesetzt. Der Anteil der Straßen sinkt von 85,8 % im Jahre 1967 auf 72,7 % in 1979, während die Anteile für Wasserstraßen von 7,4 % auf 8,5 %, die für Schienenverkehr von 3,8 % auf 10,3 %, die für Luftfahrt von 1,1 % auf 1,8 % und die für sonstigen Verkehr von 1,9 % auf 6,7 % ansteigen. Die Ausgaben der öffentlichen Haushalte für Verkehr und Nachrichtenwesen sind auf die Zahl der Einwohner bezogen von 211,60 DM pro Kopf im Jahre 1967 auf 500,33 DM in 1979 gewachsen (vgl. TAB. 3). Für den Bereich Straßen stieg dieser Betrag von 181,60 DM auf 363,75 DM, im Bereich Wasserstraßen von 15,69 DM auf 42,28 DM, für Schienenverkehr von 8,02 DM auf 51,75 DM, für Luftverkehr von 2,25 DM auf 8,89 DM und für den Bereich sonstiger Verkehr von 4,04 DM auf 33,66 DM. Damit ist der Bereich Straßen eindeutig als der Ausgaben- und auch als der Investitionsschwerpunkt identifiziert. In der Rangfolge kommt dann mit deutlichem Abstand der Bereich Schienenverkehr gefolgt von den Bereichen Wasserstraßen, sonstiger Verkehr und Luftfahrt. Die Rangfolge gilt für das Jahr 1979 und ist für die Bereiche Straßen und Luftverkehr über den Betrachtungszeitraum unverändert. Geändert hat sich hingegen im Untersuchungszeitraum die Plazierung für die Bereiche Wasserstraßen, Schienenverkehr und sonstiger Verkehr.

Die Ausgaben der öffentlichen Haushalte für Verkehr und Nachrichtenwesen lassen sich sowohl für die Ausgaben insgesamt als auch für die in den einzelnen Verkehrsbereichen nach Trägern spezifizieren. Die amtliche Statistik gliedert die Träger in Bund, ERP-Sondervermögen, Länder, Gemeinden bzw. Gemeindeverbände und Zweckverbände. Seit 1970 sind die Ausgaben insgesamt bis 1979 um 74,5 % gestiegen, die des Bundes um 92,4 %, die des ERP-Sondervermögens um 29,4 %, die der Länder um 82,5 % und die der Gemeinden bzw. Gemeindeverände um 41,2 %. Für die Zweckverbände ist eine entsprechende Aussage aufgrund des abweichenden Erhebungszeitraumes nicht sinnvoll (vgl. TAB. 4).

Setzt man die Ausgaben insgesamt gleich 100, so erkennt man, daß sich der Anteil des Bundes von 42,6 % auf 47,1 % erhöht hat. Der höchste Anteil des Bundes datiert allerdings aus dem Jahre 1976 (50,4 %). Es besteht somit wieder eine rückläufige Entwicklungstendenz des Bundesanteils, obwohl der Anteilswert 1979 noch deutlich über dem von 1970 lag. Der Anteil des ERP-Sondervermögens war im Betrachtungszeitraum relativ konstant, während der Länderanteil leicht gestiegen

TAB. 2: AUSGABEN DER ÖFFENTLICHEN HAUSHALTE FÜR DAS VERKEHRS- UND NACHRICHTENWESEN NACH AUFGABENBEREICHEN (Anteile der Aufgabenbereiche in %)

| Jahr | insgesamt | Straßen einschl.Verw. | Wasserstraßen u. Häfen einschl.Verw. | Schienenverkehr | Luftfahrt | sonstige |
|---|---|---|---|---|---|---|
| 1967 | 100 | 85,8 | 7,4 | 3,8 | 1,1 | 1,9 |
| 1968 | 100 | 86,0 | 7,2 | 3,8 | 1,1 | 2,0 |
| 1969 | 100 | 85,3 | 6,4 | 3,8 | 1,7 | 2,8 |
| 1970 | 100 | 84,7 | 6,4 | 3,2 | 1,7 | 4,0 |
| 1971 | 100 | 82,4 | 6,6 | 4,5 | 1,8 | 4,8 |
| 1972 | 100 | 79,9 | 6,9 | 7,0 | 2,1 | 4,2 |
| 1973 | 100 | 80,0 | 6,8 | 7,5 | 2,0 | 3,8 |
| 1974[a)] | 100 | 77,9 | 8,2 | 7,8 | 2,0 | 4,1 |
| 1974[b)] | 100 | 76,9 | 8,5 | 8,2 | 2,1 | 4,3 |
| 1975 | 100 | 74,2 | 9,3 | 9,9 | 2,1 | 4,4 |
| 1976 | 100 | 74,3 | 9,5 | 8,9 | 1,9 | 5,3 |
| 1977 | 100 | 73,9 | 9,7 | 9,0 | 1,9 | 5,4 |
| 1978 | 100 | 74,4 | 9,7 | 9,2 | 1,7 | 4,9 |
| 1979 | 100 | 72,7 | 8,5 | 10,3 | 1,8 | 6,7 |

Quelle: siehe TAB. 1 und eigene Berechnungen.

TAB. 3: AUSGABEN DER ÖFFENTLICHEN HAUSHALTE FÜR DAS VERKEHRS- UND NACHRICHTENWESEN NACH AUFGABENBEREICHEN (in DM je Einwohner)

| Jahr | insgesamt | Straßen einschl.Verw. | Wasserstraßen u. Häfen einschl.Verw. | Schienenverkehr | Luftfahrt | sonstige |
|---|---|---|---|---|---|---|
| 1967 | 211,60 | 181,60 | 15,69 | 8,02 | 2,25 | 4,04 |
| 1968 | 218,03 | 187,50 | 15,68 | 8,24 | 2,31 | 4,30 |
| 1969 | 251,29 | 214,26 | 16,05 | 9,58 | 4,29 | 7,11 |
| 1970 | 286,06 | 242,24 | 18,17 | 9,28 | 4,82 | 11,54 |
| 1971 | 323,86 | 266,71 | 21,22 | 14,59 | 5,85 | 15,49 |
| 1972 | 337,37 | 269,54 | 23,31 | 23,57 | 6,94 | 14,02 |
| 1973 | 349,31 | 279,57 | 23,60 | 26,06 | 6,86 | 13,22 |
| 1974[a)] | 387,85 | 302,08 | 31,67 | 30,43 | 7,91 | 15,77 |
| 1974[b)] | 370,92 | 285,15 | 31,67 | 30,43 | 7,91 | 15,77 |
| 1975 | 382,58 | 284,04 | 35,72 | 37,75 | 8,13 | 16,95 |
| 1976 | 375,38 | 278,85 | 35,81 | 33,37 | 7,31 | 20,05 |
| 1977 | 397,75 | 293,86 | 38,71 | 35,91 | 7,70 | 21,56 |
| 1978 | 439,43 | 327,07 | 42,84 | 40,24 | 7,62 | 21,65 |
| 1979 | 500,33 | 363,75 | 42,28 | 51,75 | 8,89 | 33,66 |

Quelle: siehe TAB. 1.

TAB. 4: AUSGABEN DER ÖFFENTLICHEN HAUSHALTE FÜR DAS VERKEHRS- UND NACHRICHTENWESEN NACH KÖRPERSCHAFTEN UND AUFGABENBEREICH: INSGESAMT (in Mill. DM)

| Jahr | insgesamt | Bund einschl. Dt. Gesellschaft für öffentl. Arbeiten | ERP-Sondervermögen | Länder | Gemeinden/ Gemeindev. | Zweckverbände |
|---|---|---|---|---|---|---|
| 1970 | 17.585,3 | 7.506,0 | 36,8 | 4.880,2 | 5.162,4 | - |
| 1971 | 19.850,6 | 8.680,0 | 57,7 | 5.126,9 | 5.985,4 | - |
| 1972 | 20.807,0 | 9.873,2 | 43,4 | 5.161,2 | 5.729,2 | - |
| 1973 | 21.645,9 | 10.054,6 | 46,8 | 5.558,4 | 5.986,1 | - |
| 1974[a)] | 24.062,8 | 10.980,2 | 47,7 | 6.388,2 | 6.646,8 | - |
| 1974[b)] | 23.012,3 | 10.980,2 | 47,7 | 6.388,2 | 5.595,1 | 1,1 |
| 1975 | 23.655,8 | 11.685,3 | 64,8 | 6.863,2 | 5.037,4 | 5,2 |
| 1976 | 23.091,0 | 11.644,0 | 74,6 | 6.422,0 | 4.945,0 | 5,4 |
| 1977 | 24.419,8 | 11.938,5 | 27,2 | 7.107,7 | 5.344,4 | 2,0 |
| 1978 | 26.941,2 | 12.869,8 | 60,6 | 7.677,2 | 6.330,6 | 2,9 |
| 1979 | 30.688,6 | 14.439,7 | 47,6 | 8.905,7 | 7.290,5 | 5,1 |

Quelle: siehe TAB. 1.

ist (27,8 % auf 29,0 %). Die Anteilszuwächse des Bundes und der Länder führen zu einem entsprechenden Rückgang des Anteils der Gemeinden bzw. Gemeindeverbände (29,4 % auf 23,8 %). Der Tiefpunkt des Gemeindeanteils liegt in den Jahren 1973 und 1974 mit 21,3 % bzw. 21,4 % (vgl. TAB. 5).

Der Bund, die Länder und die Gemeinden zeigen sich als die Hauptträger der Ausgaben im Bereich Verkehr und Nachrichtenwesen. Der Bund trägt eindeutig die höchste Last mit rund 50 % der Ausgaben, während sich Länder und Gemeinden die restlichen 50 % in etwa teilen. Die festgestellte Tendenz der Ausweitung des Ausgabenvolumens des Bundes entspricht Erkenntnissen aus anderen Bereichen.[10)] Die Finanzwissenschaft sucht die Erklärung im Wagner'schen Gesetz[11)], das die steigende Zunahme der öffentlichen, insbesondere der Staatstätigkeiten beschreibt.

Der seit 1977 leicht rückläufige Bundesanteil an den Ausgaben läßt sich aus dem speziellen Ausgabeverhalten des Bundes in den entsprechenden Jahren und dem Ausgabenbereich erklären.

TAB. 5: AUSGABEN DER ÖFFENTLICHEN HAUSHALTE FÜR DAS VERKEHRS- UND NACHRICHTENWESEN NACH KÖRPERSCHAFTEN UND AUFGABENBEREICH: INSGESAMT (Anteile der Körperschaftsgruppen in %)

| Jahr | insgesamt | Bund einschl. Dt. Gesellschaft für öffentl. Arbeiten | ERP-Sondervermögen | Länder | Gemeinden/ Gemeindev. | Zweckverbände |
|---|---|---|---|---|---|---|
| 1970 | 100 | 42,6 | 0,2 | 27,8 | 29,4 | - |
| 1971 | 100 | 43,7 | 0,3 | 25,8 | 30,2 | - |
| 1972 | 100 | 47,5 | 0,2 | 24,8 | 27,5 | - |
| 1973 | 100 | 46,5 | 0,2 | 25,7 | 27,7 | - |
| 1974[a)] | 100 | 45,6 | 0,2 | 26,5 | 27,6 | - |
| 1974[b)] | 100 | 47,7 | 0,2 | 27,8 | 24,3 | 0,0 |
| 1975 | 100 | 49,4 | 0,3 | 29,0 | 21,3 | 0,0 |
| 1976 | 100 | 50,4 | 0,3 | 27,8 | 21,4 | 0,0 |
| 1977 | 100 | 48,9 | 0,1 | 29,1 | 21,9 | 0,0 |
| 1978 | 100 | 47,8 | 0,2 | 28,5 | 23,5 | 0,0 |
| 1979 | 100 | 47,1 | 0,2 | 29,0 | 23,8 | 0,0 |

Quelle: siehe TAB. 1 und eigene Berechnungen.

Die Ausgaben für Verkehr und Nachrichtenwesen sind in der amtlichen Statistik wie folgt untergliedert:

1. Straßen einschließlich Verwaltung
   - Bundesautobahnen
   - Bundes- und Landstraßen
   - Kreisstraßen
   - Gemeindestraßen
   - Verwaltung
   - Sonstiges
2. Wasserstraßen und Häfen einschließlich Verwaltung
3. Schienenverkehr
4. Luftfahrt
5. Sonstiges Verkehrs- und Nachrichtenwesen.

Im folgenden werden die Ausgaben für diese Bereiche dargestellt. Zunächst geschieht dies anhand der verausgabten Beträge (Mill. DM), die dann folgende Tabelle weist die prozentualen Anteilswerte aus. Diese Anteilswerte sind auf die Ausgaben insgesamt gezogen wie sie TAB. 4 ausweist. Der Basiswert für die Prozentwerte der entsprechenden Tabellen findet sich also in der entsprechenden Spalte der erstgenannten Tabelle. Mit anderen Worten, der Prozentwert für die Ausgaben des Bundes im Bereich Straßen einschließlich Verwaltung (vgl. TAB. 6) ist auf den Basiswert "Ausgaben des Bundes im Verkehrs- und Nachrichtenwesen" (vgl. TAB. 4) bezogen. Aufgrund der obigen Aufteilung der verschiedenen Ausgabenbereiche im Verkehrs- und Nachrichtenwesen addieren sich die Prozentwerte der bezeichneten Tabellen, die im folgenden dargestellt werden, in zweifacher Weise zu hundert. Erstens über die oben numerierten Bereiche 1. - 5. und zweitens über die im Bereich Straßen unterschiedenen Subbereiche.

Neben diesen zuerst bezeichneten Anteilswerten werden für jeden Ausgabenbereich weitere Prozentwerte ausgewiesen, die auf die Ausgabensumme insgesamt in diesem Ausgabenbereich bezogen sind. Es wird damit der Anteil der einzelnen Träger am Ausgabenvolumen im entsprechenden Verkehrsbereich ermittelt.

Die Ausgaben im Bereich Straßen einschließlich Verwaltung sind in TAB. 6 dargestellt. Im Betrachtungszeitraum 1970 - 1979 stiegen die Ausgaben insgesamt um 49,8 %, die des Bundes um 5o,2 %, die der Länder um 58,7 % und die der Gemeinden bzw. Gemeindeverbände um 42,1 %. Die Überschüsse aus dem ERP-Sondervermögen stiegen um 21o %.
Diesen Steigerungen der Ausgaben für Straßen einschließlich Verwaltung der einzelnen Trägergruppen steht eine Verringerung des Anteils dieser Ausgaben an den Ausgaben für den gesamten Verkehrs- und Nachrichtenbereich gegenüber. Der Anteil sank von 84,7 % im Jahre 1970 auf 72,7 % in 1979. Ebenfalls gesunken ist der Anteil an den Bundes- und Landesausgaben (von 73,7 % auf 57,5 % bzw. von 86,7 % auf 75,4 %). Hingegen ist der Anteil an den Ausgaben aus dem ERP-Sondervermögen und an den Gemeindeausgaben gestiegen (von 2,7 % auf 6,5 % bzw. von 99,4 % auf 100 %). Der Anteil an den Ausgaben der Zweckverbände ist seit 1974 konstant 100 % (vgl. TAB. 7).

Die Anteile der einzelnen Trägergruppen an den Ausgaben im Bereich Straßen einschließlich Verwaltung sind in TAB. 8 ausgewiesen. Es zeigt sich in etwa eine gleiche Verteilung der Ausgabenlast auf die Trägergruppen Bund, Länder und

TAB. 6: AUSGABEN DER ÖFFENTLICHEN HAUSHALTE FÜR DAS VERKEHRS- UND NACHRICHTENWESEN NACH KÖRPERSCHAFTEN UND AUFGABENBEREICH: STRASSEN EINSCHL. VERWALTUNG (in Mill. DM)

| Jahr | insgesamt | Bund[1)] | ERP-Sondervermögen[2)] | Länder | Gemeinden/ Gemeindev. | Zweckverbände |
|---|---|---|---|---|---|---|
| 1970 | 14.891,6 | 5.528,2 | + 1,0 | 4.232,9 | 5.131,6 | - |
| 1971 | 16.347,6 | 6.118,5 | + 3,3 | 4.248,6 | 5.943,2 | - |
| 1972 | 16.623,5 | 6.731,7 | + 4,8 | 4.188,4 | 5.708,1 | - |
| 1973 | 17.324,3 | 6.861,3 | + 4,7 | 4.510,6 | 5.957,1 | - |
| 1974[a)] | 18.741,2 | 6.931,5 | + 4,6 | 5.167.5 | 6.646,8 | - |
| 1974[b)] | 17.690,7 | 6.931,5 | + 4,6 | 5.167,5 | 5.595,1 | 1,1 |
| 1975 | 17.562,7 | 6.995,7 | + 4,0 | 5.528,5 | 5.037,4 | 5,2 |
| 1976 | 17.152,7 | 7.064,7 | - | 5.137,6 | 4.945,0 | 5,4 |
| 1977 | 18.042,0 | 6.933,2 | - | 5.762,2 | 5.344,4 | 2,0 |
| 1978 | 20.052,6 | 7.589,4 | + 3,5 | 6.133,2 | 6.330,6 | 2,9 |
| 1979 | 22.311,4 | 8.303,1 | + 3,1 | 6.715,8 | 7.290,5 | 5,1 |

1) einschl. Deutsche Gesellschaft für öffentliche Arbeiten.
2) +: = Überschüsse (gilt auch für die folgenden Tabellen).

Quelle: siehe TAB. 1.

TAB. 7: AUSGABEN DER ÖFFENTLICHEN HAUSHALTE FÜR DAS VERKEHRS- UND NACHRICHTENWESEN NACH KÖRPERSCHAFTEN UND AUFGABENBEREICH: STRASSEN EINSCHL. VERWALTUNG (Anteile der Aufgabenbereiche in %)

| Jahr | insgesamt | Bund[1)] | ERP-Sondervermögen | Länder | Gemeinden/ Gemeindev. | Zweckverbände |
|---|---|---|---|---|---|---|
| 1970 | 84,7 | 73,7 | + 2,7 | 86,7 | 99,4 | - |
| 1971 | 82,4 | 70,4 | + 5,7 | 83,7 | 99,3 | - |
| 1972 | 79,9 | 68,2 | +11,1 | 81,2 | 99,6 | - |
| 1973 | 80,0 | 68,2 | +10,0 | 81,1 | 99,5 | - |
| 1974[a)] | 77,9 | 63,1 | + 9,6 | 80,9 | 100 | - |
| 1974[b)] | 76,9 | 63,1 | + 9,6 | 80,9 | 100 | 100 |
| 1975 | 74,2 | 59,9 | + 6,2 | 80,6 | 100 | 100 |
| 1976 | 74,3 | 60,7 | - | 80,0 | 100 | 100 |
| 1977 | 73,9 | 58,1 | - | 81,1 | 100 | 100 |
| 1978 | 74,4 | 59,0 | + 5,8 | 79,9 | 100 | 100 |
| 1979 | 72,7 | 57,5 | + 6,5 | 75,4 | 100 | 100 |

1) einschl. Deutsche Gesellschaft für öffentliche Arbeiten.

Quelle: siehe TAB. 1.

TAB. 8: AUSGABEN DER ÖFFENTLICHEN HAUSHALTE FÜR DAS VERKEHRS- UND NACHRICHTENWESEN NACH KÖRPERSCHAFTEN UND AUFGABENBEREICH: STRASSEN EINSCHL. VERWALTUNG (Anteile der Körperschaftsgruppen in %)

| Jahr | insgesamt | Bund[1)] | ERP-Sondervermögen | Länder | Gemeinden/ Gemeindev. | Zweckverbände |
|---|---|---|---|---|---|---|
| 1970 | 100 | 37,1 | + 0,0 | 28,4 | 34,5 | - |
| 1971 | 100 | 37,4 | + 0,0 | 26,2 | 36,4 | - |
| 1972 | 100 | 40,5 | + 0,0 | 25,2 | 34,3 | - |
| 1973 | 100 | 39,6 | + 0,0 | 26,0 | 34,4 | - |
| 1974[a)] | 100 | 37,0 | + 0,0 | 27,6 | 35,5 | - |
| 1974[b)] | 100 | 39,2 | + 0,0 | 29,2 | 31,6 | 0,0 |
| 1975 | 100 | 39,8 | + 0,0 | 31,5 | 28,7 | - |
| 1976 | 100 | 41,2 | - | 30,0 | 28,8 | 0,0 |
| 1977 | 100 | 38,4 | - | 31,9 | 29,6 | 0,0 |
| 1978 | 100 | 37,8 | + 0,0 | 30,6 | 31,6 | 0,0 |
| 1979 | 100 | 37,2 | + 0,0 | 30,1 | 32,7 | 0,0 |

1) einschl. Deutsche Gesellschaft für öffentliche Arbeiten.

Quelle: siehe TAB. 1 und eigene Berechnungen.

Gemeinden. Der Anteil des ERP-Sondervermögens und der der Zweckverbände ist trotz der schwerpunktmäßigen Ausrichtung dieser beiden Trägergruppen auf diesen Ausgabenbereich zu vernachlässigen (geringer als 0,0 %). Die Anteile der anderen Träger schwanken im Untersuchungszeitraum nur unwesentlich. So variiert der Anteil des Bundes von 37,1 % im Jahre 1970 auf 37,2 % in 1979, wobei der höchste Anteil 1976 mit 41,2 % besteht. Der Länderanteil schwankt von 28,4 % auf 30,1 % mit einem Maximum von 31,9 % in 1977 und einem Minimum von 25,2 % in 1972. Demgegenüber verändert sich der Gemeindeanteil von 34,5 % in 1970 auf 32,7 % in 1979. Das Minimum datiert mit 28,7 % aus dem Jahre 1975 und das Maximum liegt mit 36,4 % im Jahr 1971.

Die Ausgaben für Bundesautobahnen sind seit 1970 bis zum Jahre 1979 um 56,2 % gestiegen. Der Bund und die Länder treten allein als Träger dieser Ausgaben auf. Die Ausgaben des Bundes stiegen im Betrachtungszeitraum um 57,0 %, während sich die der Länder lediglich um 29,7 % erhöhten (vgl. TAB 9). Aus TAB. 10 geht hervor, daß der Anteil der Ausgaben für Bundesautobahnen an den Ausgaben insgesamt im Verkehrs- und Nachrichtenwesen seit 1970 (14,4 %) ständig gesunken ist

TAB. 9: AUSGABEN DER ÖFFENTLICHEN HAUSHALTE FÜR DAS VERKEHRS- UND NACHRICHTENWESEN NACH KÖRPERSCHAFTEN UND AUFGABENBEREICH: BUNDESAUTOBAHNEN (in Mill. DM)

| Jahr | insgesamt | Bund[1)] | ERP-Sondervermögen | Länder | Gemeinden/ Gemeindev. | Zweckverbände |
|---|---|---|---|---|---|---|
| 1970 | 2.527,8 | 2.456,1 | - | 71,7 | - | - |
| 1971 | 3.958,6 | 3.890,7 | - | 67,9 | - | - |
| 1972 | 4.081,3 | 4.007,8 | - | 73,5 | - | - |
| 1973 | 4.067,2 | 3.974,9 | - | 92,3 | - | - |
| 1974[a)] | 3.926,6 | 3.832,8 | - | 93,8 | - | - |
| 1974[b)] | 3.926.6 | 3.832,8 | - | 93,8 | - | - |
| 1975 | 3.914,6 | 3.831,1 | - | 83,4 | - | - |
| 1976 | 3.556,3 | 3.519,7 | - | 36,6 | - | - |
| 1977 | 3.524,6 | 3.427,3 | - | 97,3 | - | - |
| 1978 | 3.678,2 | 3.592,8 | - | 85,4 | - | - |
| 1979 | 3.948,8 | 3.855,9 | - | 93,0 | - | - |

1) einschl. Deutsche Gesellschaft für öffentliche Arbeiten.

Quelle: siehe TAB. 1.

TAB. 10: AUSGABEN DER ÖFFENTLICHEN HAUSHALTE FÜR DAS VERKEHRS- UND NACHRICHTENWESEN NACH KÖRPERSCHAFTEN UND AUFGABENBEREICH: BUNDESAUTOBAHNEN (Anteile der Aufgabenbereiche in %)

| Jahr | insgesamt | Bund[1)] | ERP-Sondervermögen | Länder | Gemeinden/ Gemeindev. | Zweckverbände |
|---|---|---|---|---|---|---|
| 1970 | 14,4 | 32,7 | - | 1,5 | - | - |
| 1971 | 19,9 | 44,8 | - | 1,3 | - | - |
| 1972 | 19,6 | 40,6 | - | 1,4 | - | - |
| 1973 | 18,8 | 39,5 | - | 1,7 | - | - |
| 1974[a)] | 16,3 | 34,9 | - | 1,5 | - | - |
| 1974[b)] | 17,1 | 34,9 | - | 1,5 | - | - |
| 1975 | 16,5 | 32,8 | - | 1,2 | - | - |
| 1976 | 15,4 | 30,2 | - | 0,6 | - | - |
| 1977 | 14,4 | 28,7 | - | 1,4 | - | - |
| 1978 | 13,7 | 27,9 | - | 1,1 | - | - |
| 1979 | 12,9 | 26,7 | - | 1,0 | - | - |

1) einschl. Deutsche Gesellschaft für öffentliche Arbeiten.

Quelle: siehe TAB. 1.

(1979 : 12,9 %). Auch die Anteile des Bundes und der Länder für Ausgaben im Bereich Autobahnen an ihren gesamten Ausgaben im Verkehrs- und Nachrichtenwesen haben im Betrachtungsraum abgenommen. Der Anteil des Bundes sank von 32,7 % in 1970 auf 26,7 % im Jahre 1979. Der Höhepunkt besteht im Jahre 1971 mit 44,8 %. Der Länderanteil ist von 1,5 % auf 1,0 % gesunken, wobei das Maximum mit 1,7 % im Jahre 1973 und das Minimum mit 0,6 % aus dem Jahr 1976 datiert. Die Hauptlast der Ausgaben für Bundesautobahnen trägt eindeutig der Bund selbst. Der Anteil liegt sowohl 1970 als auch 1977 bei 97,2 %. Der Höhepunkt wurde 1976 mit 99,0 % erreicht. Der Länderanteil beträgt hingegen nur 2,8 % in 1970 und 1977. Das Minimum datiert mit 1,0 % aus dem Jahr 1976 (vgl. TAB. 11).

Die Ausgaben für Bundes- und Landesstraßen sind in TAB. 12 dargestellt. Sie stiegen insgesamt im Untersuchungszeitraum um 43,9 %. Die Ausgaben des Bundes für Bundes- und Landesstraßen erhöhten sich hingegen nur um 17,6 %, die der Länder um 52,5 % und die der Gemeinden bzw. Gemeindeverbände sogar um 810 %. Der Anteil dieser Ausgaben an den Ausgaben für das Verkehrs- und Nachrichtenwesen insgesamt betrug 1970 25,1 %. Im Jahr 1979 lag dieser bei 20,7 %. Der Tiefpunkt wurde 1971 und 1973 mit jeweils 17,2 % erreicht. Der Anteil der Ausgaben für Bundes- und Landesstraßen an den Bundesausgaben für das Verkehrs- und Nachrichtenwesen sank im Betrachtungszeitraum von 32,5 % (1970) auf 19,9 % (1979), wobei zwischenzeitlich niedrigere Anteilswerte realisiert wurden. Der Anteil dieser Ausgaben an den Länderausgaben für das Verkehrs- und Nachrichtenwesen ist ebenfalls gesunken, wenn auch nicht in so starkem Maße wie bei den Bundesausgaben (von 40,3 % in 1970 auf 33,7 % in 1979). Eine deutliche Steigerung ist hingegen beim Anteil an den Ausgaben der Gemeinden für das Verkehrs- und Nachrichtenwesen zu verzeichnen. Dieser Wert lag 1973 noch bei 0,9 % und stieg 1979 auf 6,5 %. Der Höhepunkt war bereits 1978 mit 6,5 % erreicht (vgl. TAB. 13). Die Verteilung der Lasten im Ausgabenbereich Bundes- und Landesstraßen geht aus TAB. 14 hervor. Der Bundesanteil ist von 55,4 % im Jahre 1970 auf 45,3 % in 1979 gesunken, während sich die Anteile der Länder und Gemeinden erhöht haben (von 44,6 % auf 47,3 % bzw. von 1,4 % in 1972 auf 7,4 %). Die Lasten sind somit zwischen Bund und Ländern in etwa gleich verteilt. Der Anteil der Gemeinden ist deutlich geringer.

TAB. 11: AUSGABEN DER ÖFFENTLICHEN HAUSHALTE FÜR DAS VERKEHRS- UND NACHRICHTENWESEN NACH KÖRPERSCHAFTEN UND AUFGABENBEREICH: BUNDESAUTOBAHNEN (Anteile der Körperschaftsgruppen in %)

| Jahr | insgesamt | Bund[1)] | ERP-Sondervermögen | Länder | Gemeinden/ Gemeindev. | Zweckverbände |
|---|---|---|---|---|---|---|
| 1970 | 100 | 97,2 | - | 2,8 | - | - |
| 1971 | 100 | 98,3 | - | 1,7 | - | - |
| 1972 | 100 | 98,2 | - | 1,8 | - | - |
| 1973 | 100 | 97,7 | - | 2,3 | - | - |
| 1974[a)] | 100 | 97,6 | - | 2,4 | - | - |
| 1974[b)] | 100 | 97,6 | - | 2,4 | - | - |
| 1975 | 100 | 97,9 | - | 2,1 | - | - |
| 1976 | 100 | 99,0 | - | 1,0 | - | - |
| 1977 | 100 | 97,2 | - | 2,8 | - | - |

1) einschl. Deutsche Gesellschaft für öffentliche Arbeiten.

Quelle: siehe TAB. 1 und eigene Berechnungen.

TAB. 12: AUSGABEN DER ÖFFENTLICHEN HAUSHALTE FÜR DAS VERKEHRS- UND NACHRICHTENWESEN NACH KÖRPERSCHAFTEN UND AUFGABENBEREICH: BUNDES- UND LANDESSTRASSEN (in Mill. DM)

| Jahr | insgesamt | Bund[1)] | ERP-Sondervermögen | Länder | Gemeinden/ Gemeindev. | Zweckverbände |
|---|---|---|---|---|---|---|
| 1970 | 4.409,0 | 2.441,2 | - | 1.967,8 | - | - |
| 1971 | 344,0 | 1.651,7 | - | 1.659,2 | - | - |
| 1972 | 3.595,7 | 1.797,9 | - | 1.769,7 | - | - |
| 1973 | 3.714,5 | 1.744,7 | - | 1.918,1 | 51,7 | - |
| 1974[a)] | 4.369,0 | 1.974,0 | - | 2.188,4 | 236,6 | - |
| 1974[b)] | 4.353,5 | 1.944,0 | - | 2.188,4 | 221,1 | - |
| 1975 | 4.544,5 | 2.107,0 | - | 2.299,3 | 138,1 | - |
| 1976 | 4.717,7 | 2.211,2 | - | 2.224,8 | 281,7 | - |
| 1977 | 5.232,3 | 2.358,8 | - | 2.546,1 | 327,4 | 0,0[2)] |
| 1978 | 5.803,8 | 2.683,7 | - | 2.675,3 | 444,8 | - |
| 1979 | 6.344,3 | 2.872,0 | - | 3.001,8 | 470,5 | - |

1) einschl. Deutsche Gesellschaft für öffentliche Arbeiten.

2) Prozentwert geringer als 1/10 Prozent.

Quelle: siehe TAB. 1.

TAB. 13: AUSGABEN DER ÖFFENTLICHEN HAUSHALTE FÜR DAS VERKEHRS- UND NACHRICHTENWESEN NACH KÖRPERSCHAFTEN UND AUFGABENBEREICH: BUNDES- UND LANDESSTRASSEN (Anteile der Aufgabenbereiche in %)

| Jahr | insgesamt | Bund[1)] | ERP-Sondervermögen | Länder | Gemeinden/ Gemeindev. | Zweckverbände |
|---|---|---|---|---|---|---|
| 1970 | 25,1 | 32,5 | - | 40,3 | - | |
| 1971 | 17,2 | 19,0 | - | 34,3 | - | - |
| 1972 | 17,3 | 18,2 | - | 34,3 | - | |
| 1973 | 17,2 | 17,4 | - | 34,5 | 0,9 | - |
| 1974[a)] | 18,2 | 17,7 | - | 34,3 | 3,6 | - |
| 1974[b)] | 18,9 | 17,7 | - | 34,3 | 4,0 | - |
| 1975 | 19,2 | 18,0 | - | 33,5 | 2,7 | - |
| 1976 | 20,4 | 19,0 | - | 34,6 | 5,7 | - |
| 1977 | 21,4 | 19,8 | - | 35,8 | 6,1 | 0,0 |
| 1978 | 21,5 | 20,9 | - | 34,8 | 7,0 | - |
| 1979 | 20,7 | 19,9 | - | 33,7 | 6,5 | - |

1) einschl. Deutsche Gesellschaft für öffentliche Arbeiten.

Quelle: siehe TAB. 1.

TAB. 14: AUSGABEN DER ÖFFENTLICHEN HAUSHALTE FÜR DAS VERKEHRS- UND NACHRICHTENWESEN NACH KÖRPERSCHAFTEN UND AUFGABENBEREICH: BUNDES- UND LANDESSTRASSEN (Anteile der Körperschaftsgruppen in %)

| Jahr | insgesamt | Bund[1)] | ERP-Sondervermögen | Länder | Gemeinden/ Gemeindev. | Zweckverbände |
|---|---|---|---|---|---|---|
| 1970 | 100 | 55,4 | - | 44,6 | - | - |
| 1971 | 100 | 48,4 | - | 51,6 | - | - |
| 1972 | 100 | 50,0 | - | 48,6 | 1,4 | - |
| 1973 | 100 | 47,0 | - | 51,6 | 1,4 | - |
| 1974[a)] | 100 | 44,5 | - | 50,1 | 5,4 | - |
| 1974[b)] | 100 | 44,7 | - | 50,3 | 5,1 | - |
| 1975 | 100 | 46,4 | - | 50,6 | 3,0 | - |
| 1976 | 100 | 46,9 | - | 47,2 | 5,9 | - |
| 1977 | 100 | 45,1 | - | 48,7 | 6,3 | - |
| 1978 | 100 | 46,2 | - | 46,1 | 7,7 | - |
| 1979 | 100 | 45,3 | - | 47,3 | 7,4 | - |

1) einschl. Deutsche Gesellschaft für öffentliche Arbeiten.

Quelle: siehe TAB. 1 und eigene Berechnungen

Im Ausgabenbereich Kreisstraßen (vgl. TAB. 15) ist im Betrachtungszeitraum eine Zunahme des Ausgabenvolumens insgesamt um 79,7 % zu vermerken. Der Ausgabenbetrag der Länder stieg um 99,0 %. Der der Gemeinden erhöhte sich demgegenüber nur um 62,6 %. Der Anteil dieses Ausgabenbereichs an den Ausgaben für das Verkehrs- und Nachrichtenwesen insgesamt ist mit 5,2 % in 1970 bzw. 5,3 % in 1979 gering. Der geringste Anteil datiert aus dem Jahr 1976 mit 3,8 %. Der Anteil der Ausgaben für Kreisstraßen an den Ausgaben der Länder für Verkehr und Nachrichten betrug 1970 8,8 % und stieg 1979 auf 9,6 % an. Zwischenzeitlich wurde ein Anteil von 10,1 % realisiert (1974). Der Anteil an den Ausgaben der Gemeinden bzw. Gemeindeverbände für Verkehr und Nachrichten erhöhte sich im Betrachtungszeitraum ebenfalls leicht. Er stieg von 9,4 % in 1970 auf 10,8 % in 1979, wobei innerhalb des relevanten Zeitraums auch rückläufige Entwicklungen zu beobachten sind. Der niedrigste Anteilswert wurde 1973 mit 5,8 % realisiert. Der Anteilswert für die Zweckverbände ist nur für 1977 und 1978 in der amtlichen Statistik ausgewiesen. Er belief sich auf 15,0 % bzw. 3,4 %. Im Jahre 1979 wurde ein Einnahmeüberschuß von 2,0 % erzielt (vgl. TAB. 16). Die Last der Ausgaben im Bereich Kreisstraßen ist ungefähr zu gleichen Teilen auf die Trägergruppen Länder und Gemeinden bzw. Gemeindeverbände verteilt. Der Anteil der Zweckverbände beläuft sich auf Werte unterhalb des Niveaus 0,0 %. Bei den Anteilen der Länder und Gemeinden ist eine entgegenläufige Tendenz festzustellen. Der Anteil der Länder steigt im Betrachtungszeitraum, während der der Gemeinden sinkt. Im Jahre 1970 betrug der Länderanteil 47,0 % und der Gemeindeanteil 53,0 %. In 1979 beliefen sich die Werte auf 52,0 % und 48,0 %. Zwischenzeitlich war der Länderanteil bereits auf 62,0 gestiegen (1974) und der Anteil der Gemeinden auf 38,0 % abgesunken (vgl. TAB. 17).

Die Ausgaben im Bereich Gemeindestraßen sind in TAB. 18 zusammengefaßt. Sie stiegen insgesamt im Betrachtungszeitraum um 48,1 %. Die Ausgaben des Bundes für diesen Verkehrsbereich erhöhten sich hingegen um 127,3 %, die aus dem ERP-Sondervermögen um 210 %, die der Länder um 50,4 %, die der Gemeinden um 35,6 % und die der Zweckverbände um 373 %. Der Anteil der Ausgaben für Gemeindestraßen an den Verkehrs- und Nachrichtenausgaben insgesamt sank im Untersuchungszeitraum von 35,8 % im Jahre 1970 auf 30,3 % in 1979. Die Bundesausgaben in diesem Verkehrsbereich betrugen 1970 8,3 % der Bundesausgaben im Verkehrs- und Nachrichtenwesen. Im Jahre 1979 waren es 9,8 %, nachdem zwischenzeitlich höhere Anteilswerte realisiert wurden. Das Maximum lag mit 11,3 % in den Jahren 1973 und 1976. Bezüglich des ERP-Sondervermögens ist für die Ausgaben im Bereich

TAB. 15: AUSGABEN DER ÖFFENTLICHEN HAUSHALTE FÜR DAS VERKEHRS- UND NACHRICHTENWESEN NACH KÖRPERSCHAFTEN UND AUFGABENBEREICH: KREISSTRASSEN (in Mill. DM)

| Jahr | insgesamt | Bund[1)] | ERP-Sondervermögen | Länder | Gemeinden/ Gemeindev. | Zweckverbände |
|---|---|---|---|---|---|---|
| 1970 | 912,1 | - | - | 428,7 | 483,4 | - |
| 1971 | 977,4 | - | - | 456,4 | 521,0 | - |
| 1972 | 867,3 | - | - | 475,7 | 391,6 | - |
| 1973 | 852,5 | - | - | 507,4 | 345,2 | - |
| 1974[a)] | 1.047,7 | - | - | 645,1 | 402,6 | - |
| 1974[b)] | 1.040,2 | - | - | 645,1 | 395,1 | - |
| 1975 | 1.101,0 | - | - | 629,5 | 471,5 | 0,0 |
| 1976 | 885,0 | - | - | 482,0 | 403,0 | + 0,0 |
| 1977 | 963,1 | - | - | 518,8 | 444,6 | + 0,3 |
| 1978 | 1.196,0 | - | - | 624,2 | 571,7 | 0,1 |
| 1979 | 1.638,9 | - | - | 852,9 | 786,1 | + 0,1 |

1) einschl. Deutsche Gesellschaft für öffentliche Arbeiten.

Quelle: siehe TAB. 1.

TAB. 16: AUSGABEN DER ÖFFENTLICHEN HAUSHALTE FÜR DAS VERKEHRS- UND NACHRICHTENWESEN NACH KÖRPERSCHAFTEN UND AUFGABENBEREICH: KREISSTRASSEN (Anteile der Aufgabenbereiche in %)

| Jahr | insgesamt | Bund[1)] | ERP-Sondervermögen | Länder | Gemeinden/ Gemeindev. | Zweckverbände |
|---|---|---|---|---|---|---|
| 1970 | 5,2 | - | - | 8,8 | 9,4 | - |
| 1971 | 4,9 | - | - | 8,9 | 8,7 | - |
| 1972 | 4,2 | - | - | 9,2 | 6,8 | - |
| 1973 | 3,9 | - | - | 9,1 | 5,8 | - |
| 1974[a)] | 4,4 | - | - | 10,1 | 6,1 | - |
| 1974[b)] | 4,5 | - | - | 10,1 | 7,1 | - |
| 1975 | 4,7 | - | - | 9,2 | 9,4 | 0,0 |
| 1976 | 3,8 | - | - | 7,5 | 8,1 | + 0,0 |
| 1977 | 3,9 | - | - | 7,3 | 8,3 | +15,0 |
| 1978 | 4,4 | - | - | 8,1 | 9,0 | 3,4 |
| 1979 | 5,3 | - | - | 9,6 | 10,8 | + 2,0 |

1) einschl. Deutsche Gesellschaft für öffentliche Arbeiten.

Quelle: siehe TAB. 1.

TAB. 17: AUSGABEN DER ÖFFENTLICHEN HAUSHALTE FÜR DAS VERKEHRS- UND NACHRICHTENWESEN NACH KÖRPERSCHAFTEN UND AUFGABENBEREICH: KREISSTRASSEN
(Anteile der Körperschaftsgruppen in %)

| Jahr | insgesamt | Bund[1)] | ERP-Sondervermögen | Länder | Gemeinden/ Gemeindev. | Zweckverbände |
|---|---|---|---|---|---|---|
| 1970 | 100 | - | - | 47,0 | 53,0 | - |
| 1971 | 100 | - | - | 46,7 | 53,3 | - |
| 1972 | 100 | - | - | 54,8 | 45,2 | - |
| 1973 | 100 | - | - | 59,5 | 40,5 | - |
| 1974[a)] | 100 | - | - | 61,6 | 38,4 | - |
| 1974[b)] | 100 | - | - | 62,0 | 38,0 | - |
| 1975 | 100 | - | - | 57,2 | 42,8 | 0,0 |
| 1976 | 100 | - | - | 54,5 | 45,5 | + 0,0 |
| 1977 | 100 | - | - | 53,9 | 46,1 | + 0,0 |
| 1978 | 100 | - | - | 52,2 | 47,8 | 0,0 |
| 1979 | 100 | - | - | 52,0 | 48,0 | + 0,0 |

1) einschl. Deutsche Gesellschaft für öffentliche Arbeiten.

Quelle: siehe TAB. 1 und eigene Berechnungen.

TAB. 18: AUSGABEN DER ÖFFENTLICHEN HAUSHALTE FÜR DAS VERKEHRS- UND NACHRICHTENWESEN NACH KÖRPERSCHAFTEN UND AUFGABENBEREICH: GEMEINDESTRASSEN
(in Mill. DM)

| Jahr | insgesamt | Bund[1)] | ERP-Sondervermögen | Länder | Gemeinden/ Gemeindev. | Zweckverbände |
|---|---|---|---|---|---|---|
| 1970 | 6.290,1 | 625,0 | + 1,0 | 1.383,8 | 4.282,3 | - |
| 1971 | 7.098,8 | 570,0 | + 3,3 | 1.516,9 | 5.015,2 | - |
| 1972 | 7.103,8 | 920,2 | + 4,8 | 1.341,6 | 4.846,8 | - |
| 1973 | 7.588,0 | 1.140,3 | + 4,7 | 1.393,5 | 5.058,9 | - |
| 1974[a)] | 8.134,0 | 1.153,5 | + 4,6 | 1.608,6 | 5.376,6 | - |
| 1974[b)] | 7.651,8 | 1.153,5 | + 4,6 | 1.608,6 | 4.893,3 | 1,1 |
| 1975 | 7.218,1 | 1.035,8 | + 4,0 | 1.857,5 | 4.323,6 | 5,1 |
| 1976 | 7.165,6 | 1.315,2 | - | 1.728,3 | 4.116,6 | 5,4 |
| 1977 | 7.540,3 | 1.103,4 | - | 1.992,2 | 4.442,3 | 2,3 |
| 1978 | 8.476,8 | 1.217,4 | + 3,5 | 2.112,2 | 5.147,9 | 2,8 |
| 1979 | 9.313,3 | 1.421,1 | + 3,1 | 2.081,7 | 5.808,4 | 5,2 |

1) einschl. Deutsche Gesellschaft für öffentliche Arbeiten.

Quelle: siehe TAB. 1.

Gemeindestraßen ein Anteil von 2,7 % in 1970 und einer von 6,5 % in 1979 an den gesamten ERP-Ausgaben im Verkehrs- und Nachrichtenbereich festzustellen. Der Maximalwert wurde 1971 mit 11,1 % erzielt. Der Anteil der Ausgaben für Gemeindestraßen an den Gesamtausgaben der Länder im Bereich Verkehr und Nachrichten betrug 1970 28,4 %. Dieser Anteil sank 1979 auf 23,4 %. Für die Gemeinden ergab sich 1970 ein Anteil der Ausgaben für Gemeindestraßen an den gesamten Verkehrs- und Nachrichtenausgaben von 83,0 %. Der maximale Anteilswert war 1974 mit 87,5 % erreicht. Bis 1979 sank der Anteil dann wieder auf 79,7 % ab. Der Anteil der Ausgaben für Gemeindestraßen an den gesamten Verkehrs- und Nachrichtenausgaben belief sich 1974 auf 100,0 %, 1975 auf 98,1 %, 1976 wiederum auf 100,0 %, 1977 aufgrund von mitberechneten Einnahmeüberschüssen aus anderen Verkehrsbereichen auf 115,0 %, 1978 auf 96,6 % und 1979 ebenfalls aus dem bereits im Jahre 1977 angeführten Grund auf 102,0 % (vgl. TAB. 19).

Die Verteilung der Ausgabenlast auf die einzelnen Trägergruppen geht aus TAB. 20 hervor. Der Anteil des Bundes wächst von 9,9 % in 1970 auf 15,2 % in 1979. Der Länderanteil schwankt im Untersuchungszeitraum um 20 %. Im Jahre 1970 wurde ein Wert von 22,0 % und 1979 einer von 22,4 % erreicht. Zwischenzeitlich lag der Minimalwert bei 18,4 % (1973) und der Maximalwert bei 26,3 % (1977). Der deutlich größte Anteil an den Ausgaben für Gemeindestraßen kommt den Gemeinden selbst zu. Im Jahre 1970 lag der Wert bei 68,1 %, stieg 1971 auf 70,6 % und sank dann in 1976 auf 57,4 % um dann wieder bis 1979 auf 62,4 % zu steigen. Die Anteile aus dem ERP-Sondervermögen und der Zweckverbände sind nicht erwähnenswert (vgl. TAB. 20).

Die beiden folgenden Ausgabenbereiche sind nicht und auch nicht nur zum Teil als Investitionen zu bezeichnen, dennoch sollen sie aus Vollständigkeitsgründen nicht aus der Betrachtung ausgeschlossen werden. In TAB. 21 sind zunächst die Verwaltungsausgaben dargestellt. Sie stiegen von 1970 - 1979 um 7,8 %. Die Ausgaben der Länder für Verwaltung der Straßen erhöhten sich hingegen im gleichen Zeitraum um 78,6 %. Dies begründet sich aus der Tatsache, daß seit 1974 keine Verwaltungsausgaben der Gemeinden mehr vorliegen. Der Anteil dieser Ausgaben an den gesamten Ausgaben im Verkehrs- und Nachrichtenwesen ist gering. 1970 waren es 3,4 % und 1979 nur noch 2,1 %. Zwischenzeitlich belief sich der Anteil auf 4,2 % (1973). Der Anteil dieser Ausgaben an den Gesamtausgaben der Länder im Verkehrs- und Nachrichtenbereich betrug 1970 7,5 %. Er stieg 1973 auf 10,5 % und sank bis 1979 wieder auf 7,3 % (vgl. TAB. 22).

TAB. 19: AUSGABEN DER ÖFFENTLICHEN HAUSHALTE FÜR DAS VERKEHRS- UND NACHRICHTENWESEN NACH KÖRPERSCHAFTEN UND AUFGABENBEREICH: GEMEINDESTRASSEN (Anteile der Aufgabenbereiche in %)

| Jahr | insgesamt | Bund[1)] | ERP-Sondervermögen | Länder | Gemeinden/ Gemeindev. | Zweckverbände |
|---|---|---|---|---|---|---|
| 1970 | 35,8 | 8,9(8,3)* | + 2,7 | 28,4 | 83,0 | - |
| 1971 | 35,8 | 6,7 | + 5,7 | 29,6 | 83,8 | - |
| 1972 | 34,1 | 9,6 | +11,1 | 26,0 | 84,6 | - |
| 1973 | 35,1 | 11,3 | +10,0 | 25,1 | 84,5 | - |
| 1974[a)] | 32,5 | 10,5 | + 9,6 | 25,2 | 76,3 | - |
| 1974[b)] | 33,3 | 10,5 | + 9,6 | 25,2 | 87,5 | 100 |
| 1975 | 30,5 | 8,9 | + 6,2 | 27,1 | 85,8 | 98,1 |
| 1976 | 31,0 | 11,3 | - | 26,9 | 83,2 | 100 |
| 1977 | 30,9 | 9,2 | - | 28,0 | 83,1 | 115,0 |
| 1978 | 31,5 | 9,5 | + 5,8 | 27,5 | 81,3 | 96,6 |
| 1979 | 30,3 | 9,8 | + 6,5 | 23,4 | 79,7 | 102,0 |

1) einschl. Deutsche Gesellschaft für öffentliche Arbeiten.

Quelle: siehe TAB. 1. * nach eigener Berechnung.

TAB. 20: AUSGABEN DER ÖFFENTLICHEN HAUSHALTE FÜR DAS VERKEHRS- UND NACHRICHTENWESEN NACH KÖRPERSCHAFTEN UND AUFGABENBEREICH: GEMEINDESTRASSEN (Anteile der Körperschaftsgruppen in %)

| Jahr | insgesamt | Bund[1)] | ERP-Sondervermögen | Länder | Gemeinden/ Gemeindev. | Zweckverbände |
|---|---|---|---|---|---|---|
| 1970 | 100 | 9,9 | + 0,0 | 22,0 | 68,1 | - |
| 1971 | 100 | 8,0 | + 0,0 | 21,4 | 70,6 | - |
| 1972 | 100 | 13,0 | + 0,1 | 18,9 | 68,2 | - |
| 1973 | 100 | 15,0 | + 0,1 | 18,4 | 66,7 | - |
| 1974[a)] | 100 | 14,7 | + 0,1 | 20,5 | 64,8 | - |
| 1974[b)] | 100 | 15,1 | + 0,1 | 21,0 | 63,9 | 0,0 |
| 1975 | 100 | 14,4 | + 0,1 | 25,7 | 59,9 | 0,1 |
| 1976 | 100 | 18,4 | - | 24,1 | 57,4 | 0,1 |
| 1977 | 100 | 14,6 | - | 26,3 | 58,9 | 0,0 |
| 1978 | 100 | 14,4 | + 0,0 | 24,9 | 60,7 | 0,0 |
| 1979 | 100 | 15,2 | + 0,0 | 22,4 | 62,4 | 0,1 |

1) einschl. Deutsche Gesellschaft für öffentliche Arbeiten.

Quelle: siehe TAB. 1 und eigene Berechnungen.

TAB. 21: AUSGABEN DER ÖFFENTLICHEN HAUSHALTE FÜR DAS VERKEHRS- UND NACHRICHTENWESEN NACH KÖRPERSCHAFTEN UND AUFGABENBEREICH: STRASSEN-VERWALTUNG (in Mill. DM)

| Jahr | insgesamt | Bund[1)] | ERP-Sondervermögen | Länder | Gemeinden/ Gemeindev. | Zweckverbände |
|---|---|---|---|---|---|---|
| 1970 | 606,1 | - | - | 365,8 | 240,3 | - |
| 1971 | 732,6 | - | - | 472,2 | 260,4 | - |
| 1972 | 793,2 | - | - | 509,8 | 283,5 | - |
| 1973 | 902,4 | - | - | 584,0 | 318,4 | - |
| 1974[a)] | 938,2 | - | - | 604,8 | 333,4 | - |
| 1974[b)] | 604,8 | - | - | 604,8 | - | - |
| 1975 | 632,3 | - | - | 632,3 | - | - |
| 1976 | 628,2 | - | - | 628,2 | - | - |
| 1977 | 582,3 | - | - | 582,3 | - | - |
| 1978 | 605,2 | - | - | 605,2 | - | - |
| 1979 | 653,5 | - | - | 653,5 | - | - |

1) einschl. Deutsche Gesellschaft für öffentliche Arbeiten.

Quelle: siehe TAB. 1.

TAB. 22: AUSGABEN DER ÖFFENTLICHEN HAUSHALTE FÜR DAS VERKEHRS- UND NACHRICHTENWESEN NACH KÖRPERSCHAFTEN UND AUFGABENBEREICH: STRASSEN-VERWALTUNG (Anteile der Aufgabenbereiche in %)

| Jahr | insgesamt | Bund[1)] | ERP-Sondervermögen | Länder | Gemeinden/ Gemeindev. | Zweckverbände |
|---|---|---|---|---|---|---|
| 1970 | 3,4 | - | - | 7,5 | 4,7 | - |
| 1971 | 3,7 | - | - | 9,2 | 4,4 | - |
| 1972 | 3,8 | - | - | 9,9 | 4,9 | - |
| 1973 | 4,2 | - | - | 10,5 | 5,3 | - |
| 1974[a)] | 5,2(3,9)* | - | - | 9,5 | 9,6(5,0)* | - |
| 1974[b)] | 2,6 | - | - | 9,5 | - | - |
| 1975 | 2,7 | - | - | 9,2 | - | - |
| 1976 | 2,7 | - | - | 9,8 | - | - |
| 1977 | 2,4 | - | - | 8,2 | - | - |
| 1978 | 2,2 | - | - | 7,9 | - | - |
| 1979 | 2,1 | - | - | 7,3 | - | - |

1) einschl. Deutsche Gesellschaft für öffentliche Arbeiten.

Quelle: siehe TAB. 1. * nach eigener Berechnung.

Der Anteil der Länder an den Ausgaben für Verwaltung belief sich 1970 auf 60,4 % und ist seit 1974 konstant 100,0 %. Der Anteil der Gemeinden war 1970 39,6 % und fiel nach dem alten Berechnungsmodus 1974 auf 35,5 % (vgl. TAB. 23). Es zeigt sich somit seit 1974 eine Alleinverantwortlichkeit der Länder für die Ausgaben im Bereich Verwaltung von Straßen.

Als letztes sind im Bereich Straßen die sonstigen Ausgaben zu betrachten. In TAB. 24 ist die Entwicklung dieser Aufgaben aufgezeigt. Die Ausgaben insgesamt sind in diesem Bereich im Untersuchungszeitraum um 181,7 % gestiegen. Die Bundesausgaben im Bereich sonstige Ausgaben erhöhten sich um 2510 %, die der Länder um 118,7 % und die der Gemeinden um 79,8 %. Die Ausgaben der Zweckverbände in diesem Bereich belaufen sich in der Mehrzahl der betrachteten Jahre auf null, in zwei Fällen sind sie so gering, daß sie in der amtlichen Statistik mit kleiner als 0,0 vermerkt werden. Der Anteil dieser Ausgaben an den gesamten Ausgaben im Verkehrs- und Nachrichtenwesen ist ebenfalls gering. Der Wert stieg von 0,8 % in 1970 auf 1,3 % in 1979, wobei 1974 mit 1,4 % bereits ein höherer Anteilswert erreicht wurde. Auch der Anteil an den Ausgaben des Bundes für Verkehr und Nachrichten ist minimal. Der Anteil steigt von 0,1 % in 1970 auf 1,1 % in 1979. Der entsprechende Anteil für die Länder betrug 1970 0,3 % und 1979 0,4 %. Der Maximalwert liegt mit 0,6 % in 1976. Für die Gemeinden betragen die analogen Werte 2,4 % und 3,1 % mit einem Maximum von 4,5 % im Jahre 1974 (vgl. TAB. 25). Die Verteilung der Ausgaben für Sonstiges auf die einzelnen Trägergruppen sieht wie folgt aus: Bund 1970 4,0 % und 1979 37,3 %, Länder 10,2 % und 8,0 %, Gemeinden 85,7 % und 54,7 % (vgl. TAB. 26). Die Hauptlast tragen demnach die Gemeinden, ihr Anteil ist im Untersuchungszeitraum aber deutlich gesunken, obwohl zu Beginn des Zeitraums zunächst eine Steigerung zu vermerken ist. Mit etwas Abstand folgt in der Lastverteilung der Bund, der 1970 noch die geringste Belastung zu tragen hatte. Der deutlich geringste Anteil an den sonstigen Ausgaben kommt den Ländern zu.

Nachdem die Subbereiche für Straßen behandelt worden sind, ist nunmehr der Verkehrsbereich Wasserstraßen und Häfen einschließlich Verwaltung zu betrachten. In der TAB. 27 ist die Entwicklung der Ausgaben in diesem Verkehrsbereich dargestellt. Die Ausgaben insgesamt stiegen im Zeitraum 1970 - 1979 um 132,1 %, die des Bundes um 166,5 %, die aus dem ERP-Sondervermögen um 48,0 % und die der Länder um 67,8 %. Der Anteil der Ausgaben für Wasserstraßen und Häfen an den Ausgaben im Verkehrs- und Nachrichtenwesen ist relativ gering. Im Jahre 1970

TAB. 23: AUSGABEN DER ÖFFENTLICHEN HAUSHALTE FÜR DAS VERKEHRS- UND NACHRICHTENWESEN NACH KÖRPERSCHAFTEN UND AUFGABENBEREICH: STRASSEN-VERWALTUNG (Anteile der Körperschaftsgruppen in %)

| Jahr | insgesamt | Bund[1)] | ERP-Sondervermögen | Länder | Gemeinden/ Gemeindev. | Zweckverbände |
|---|---|---|---|---|---|---|
| 1970 | 100 | - | - | 60,4 | 39,6 | - |
| 1971 | 100 | - | - | 64,5 | 35,5 | - |
| 1972 | 100 | - | - | 64,3 | 35,7 | - |
| 1973 | 100 | - | - | 64,7 | 35,3 | - |
| 1974[a)] | 100 | - | - | 48,8(64,5)* | 51,2(35,5)* | - |
| 1974[b)] | 100 | - | - | 100 | - | - |
| 1975 | 100 | - | - | 100 | - | - |
| 1976 | 100 | - | - | 100 | - | - |
| 1977 | 100 | - | - | 100 | - | - |
| 1978 | 100 | - | - | 100 | - | - |
| 1979 | 100 | - | - | 100 | - | - |

1) einschl. Deutsche Gesellschaft für öffentliche Arbeiten.

Quelle: siehe TAB. 1 und eigene Berechnungen. * nach eigener Berechnung.

TAB. 24: AUSGABEN DER ÖFFENTLICHEN HAUSHALTE FÜR DAS VERKEHRS- UND NACHRICHTENWESEN NACH KÖRPERSCHAFTEN UND AUFGABENBEREICH: SONSTIGES AUS STRASSEN EINSCHL: VERWALTUNG (in Mill. DM)

| Jahr | insgesamt | Bund[1)] | ERP-Sondervermögen | Länder | Gemeinden/ Gemeindev. | Zweckverbände |
|---|---|---|---|---|---|---|
| 1970 | 146,4 | 5,9 | - | 15,0 | 125,5 | - |
| 1971 | 169,3 | 6,1 | - | 16,6 | 146,6 | - |
| 1972 | 182,1 | 5,9 | - | 18,1 | 158,2 | - |
| 1973 | 199,7 | 1,5 | - | 15,3 | 182,9 | - |
| 1974[a)] | 325,8 | 1,2 | - | 26,8 | 297,7 | - |
| 1974[b)] | 113,7 | 1,2 | - | 26,8 | 85,6 | - |
| 1975 | 152,2 | 21,7 | - | 26,4 | 104,1 | 0,0 |
| 1976 | 199,8 | 18,6 | - | 37,6 | 143,7 | - |
| 1977 | 199,5 | 43,8 | - | 25,5 | 130,2 | - |
| 1978 | 292,5 | 95,4 | - | 30,9 | 166,2 | 0,0 |
| 1979 | 412,4 | 154,0 | - | 32,8 | 225,6 | - |

1) einschl. Deutsche Gesellschaft für öffentliche Arbeiten.

Quelle: siehe TAB. 1.

TAB. 25: AUSGABEN DER ÖFFENTLICHEN HAUSHALTE FÜR DAS VERKEHRS- UND NACHRICHTENWESEN NACH KÖRPERSCHAFTEN UND AUFGABENBEREICH: SONSTIGES AUS STRASSEN EINSCHL. VERWALTUNG (Anteile der Aufgabenbereiche in %)

| Jahr | insgesamt | Bund[1)] | ERP-Sondervermögen | Länder | Gemeinden/ Gemeindev. | Zweckverbände |
|---|---|---|---|---|---|---|
| 1970 | 0,8 | 0,1 | - | 0,3 | 2,4 | - |
| 1971 | 0,9 | 0,1 | - | 0,3 | 2,4 | - |
| 1972 | 0,9 | 0,1 | - | 0,4 | 2,8 | - |
| 1973 | 0,9 | 0,0 | - | 0,3 | 3,1 | - |
| 1974[a)] | 1,4 | 0,0 | - | 0,4 | 4,5 | - |
| 1974[b)] | 0,5 | 0,0 | - | 0,4 | 1,5 | - |
| 1975 | 0,6 | 0,2 | - | 0,4 | 2,1 | 0,0 |
| 1976 | 0,9 | 0,2 | - | 0,6 | 2,9 | - |
| 1977 | 0,8 | 0,4 | - | 0,4 | 2,4 | - |
| 1978 | 1,1 | 0,7 | - | 0,4 | 2,6 | 0,0 |
| 1979 | 1,3 | 1,1 | - | 0,4 | 3,1 | - |

1) einschl. Deutsche Gesellschaft für öffentliche Arbeiten.

Quelle: siehe TAB. 1.

TAB. 26: AUSGABEN DER ÖFFENTLICHEN HAUSHALTE FÜR DAS VERKEHRS- UND NACHRICHTENWESEN NACH KÖRPERSCHAFTEN UND AUFGABENBEREICH: SONSTIGES AUS STRASSEN EINSCHL. VERWALTUNG (Anteile der Körperschaftsgruppen in %)

| Jahr | insgesamt | Bund[1)] | ERP-Sondervermögen | Länder | Gemeinden/ Gemeindev. | Zweckverbände |
|---|---|---|---|---|---|---|
| 1970 | 100 | 4,0 | - | 10,2 | 85,7 | - |
| 1971 | 100 | 3,6 | - | 9,8 | 86,6 | - |
| 1972 | 100 | 3,2 | - | 9,9 | 86,9 | - |
| 1973 | 100 | 0,8 | - | 7,7 | 91,6 | - |
| 1974[a)] | 100 | 0,4 | - | 8,2 | 91,4 | - |
| 1974[b)] | 100 | 1,1 | - | 23,6 | 75,3 | - |
| 1975 | 100 | 14,3 | - | 17,3 | 68,4 | - |
| 1976 | 100 | 9,3 | - | 18,8 | 71,9 | 0,0 |
| 1977 | 100 | 22,0 | - | 12,8 | 65,3 | - |
| 1978 | 100 | 32,6 | - | 10,6 | 56,8 | 0,0 |
| 1979 | 100 | 37,3 | - | 8,0 | 54,7 | - |

1) einschl. Deutsche Gesellschaft für öffentliche Arbeiten.

Quelle: siehe TAB. 1 und eigene Berechnungen.

TAB. 27: AUSGABEN DER ÖFFENTLICHEN HAUSHALTE FÜR DAS VERKEHRS- UND NACHRICHTENWESEN NACH KÖRPERSCHAFTEN UND AUFGABENBEREICH: WASSERSTRASSEN UND HÄFEN EINSCHL. VERWALTUNG (in Mill. DM)

| Jahr | insgesamt | Bund[1)] | ERP-Sondervermögen | Länder | Gemeinden/ Gemeindev. | Zweckverbände |
|---|---|---|---|---|---|---|
| 1970 | 1.117,2 | 735,7 | 37,7 | 343,8 | - | - |
| 1971 | 1.300,9 | 859,0 | 63,8 | 378,2 | - | - |
| 1972 | 1.437,3 | 937,5 | 52,0 | 447,8 | - | - |
| 1973 | 1.462,6 | 993,9 | 55,3 | 413,3 | - | - |
| 1974[a)] | 1.965,1 | 1.405,9 | 59,4 | 499,8 | - | - |
| 1974[b)] | 1.965,1 | 1.405,9 | 59,4 | 499,8 | - | - |
| 1975 | 2.208,6 | 1.646,5 | 75,6 | 486,4 | - | - |
| 1976 | 2.202,6 | 1.606,1 | 74,6 | 522,0 | - | - |
| 1977 | 2.376,9 | 1.793,0 | 27,2 | 556,8 | - | - |
| 1978 | 2.626,6 | 1.999,1 | 69,9 | 557,7 | - | - |
| 1979 | 2.593,1 | 1.960,4 | 55,8 | 576,9 | - | - |

1) einschl. Deutsche Gesellschaft für öffentliche Arbeiten.

Quelle: siehe TAB. 1.

betrug der Anteil 6,4 %. Er stieg bis 1977/78 auf 9,7 % an und fiel dann 1979 wieder auf 8,5 % ab. Der Anteil des Bundes für Ausgaben im Bereich Wasserstraßen und Häfen an seinen gesamten Ausgaben im Verkehrs- und Nachrichtenwesen lag 1970 bei 9,8 %. Bevor 1979 ein Wert von 13,6 % erreicht wird, sind sowohl Aufwärts- als auch Abwärtsbewegungen festzustellen. Im Jahre 1972 ist der minimale Wert mit 9,5 % realisiert; der Maximalwert datiert aus dem Jahre 1978 und beläuft sich auf 15,5 %. Die entsprechenden Anteilswerte für das ERP-Sondervermögen liegen im Betrachtungszeitraum bei 100,0 % oder darüber. Dies bedeutet, daß im Bereich Wasserstraßen Oberschüsse aus anderen Verkehrsbereichen mitverausgabt wurden bzw. für die Jahre 1976 und 1977, in denen der Anteil 100,0 % beträgt, daß alle Ausgaben aus dem ERP-Sondervermögen dem Bereich Wasserstraßen zugute kamen. Der Anteil der Länder für Ausgaben im Bereich Wasserstraßen an den Ausgaben im Verkehrs- und Nachrichtenwesen liegt 1970 bei 7,0 %, steigt 1972 auf 8,7 %, schwankt dann etwas und erreicht 1979 6,5 % (vgl. TAB. 28). Der Bundesanteil an den Ausgaben im Bereich Wasserstraßen steigt von 65,9 % im Jahre 1970 auf 75,6 % in 1979, nachdem 1978 bereits ein Wert von 76,1 % erzielt wurde. Der Anteil dieses Ausgabenbereiches, der durch das ERP-Sondervermögen

TAB. 28: AUSGABEN DER ÖFFENTLICHEN HAUSHALTE FÜR DAS VERKEHRS- UND NACHRICHTENWESEN NACH KÖRPERSCHAFTEN UND AUFGABENBEREICH: WASSERSTRASSEN UND HÄFEN EINSCHL. VERWALTUNG (Anteile der Aufgabenbereiche in %)

| Jahr | insgesamt | Bund[1)] | ERP-Sondervermögen | Länder | Gemeinden/ Gemeindev. | Zweckverbände |
|---|---|---|---|---|---|---|
| 1970 | 6,4 | 10,5(9,8)* | 102,4 | 7,0 | - | - |
| 1971 | 6,6 | 10,1(9,9)* | 110,6 | 7,4 | - | - |
| 1972 | 6,9 | 9,8(9,5)* | 119,8 | 8,7 | - | - |
| 1973 | 6,8 | 9,9 | 118,2 | 7,4 | - | - |
| 1974[a)] | 8,2 | 12,8 | 124,5 | 7,8 | - | - |
| 1974[b)] | 8,5 | 12,8 | 124,5 | 7,8 | - | - |
| 1975 | 9,3 | 14,1 | 116,7 | 7,1 | - | - |
| 1976 | 9,5 | 13,8 | 100 | 8,1 | - | - |
| 1977 | 9,7 | 15,0 | 100 | 7,8 | - | - |
| 1978 | 9,7 | 15,5 | 115,3 | 7,3 | - | - |
| 1979 | 8,5 | 13,6 | 117,2 | 6,5 | - | - |

1) einschl. Deutsche Gesellschaft für öffentliche Arbeiten.

Quelle: siehe TAB. 1. * nach eigener Berechnung.

getragen wurde, belief sich 1970 auf 3,4 %, stieg 1971 kurzzeitig auf 4,9 % an und erreichte 1979 einen Wert von 2,2 %. Im Jahre 1977 wurde mit 1,1 % das Minimum realisiert. Der entsprechende Länderanteil sinkt von 30,8 % in 1970 auf 22,2 % in 1979 ab. Der höchste Wert wurde 1972 mit 31,2 % und der niedrigste 1978 mit 21,2 % erreicht (vgl. TAB. 29). Damit zeichnet sich der Bund als Hauptträger der Ausgaben im Bereich Wasserstraßen aus. Die Länder sind mit weniger als einem Viertel belastet, während aus dem ERP-Sondervermögen nur ein geringer Prozentsatz der Ausgaben gedeckt wird.

Die Ausgaben im Bereich Schienenverkehr sind für den Zeitraum 1970 - 1979 in der TAB. 30 dargestellt. Insgesamt stiegen diese Angaben um 456,4 %, die des Bundes in diesem Ausgabenbereich um 343,0 % und die der Länder um 673 %, während bezüglich des ERP-Sondervermögens die Einnahmenüberschüsse um 5oo % zunahmen. Der Anteil der Ausgaben für Schienenverkehr an den Verkehrs- und Nachrichtenausgaben insgesamt stieg von 3,2 % im Jahre 1970 auf 10,3 in 1979. Der Anteil dieses Ausgabenbereichs an den Bundesausgaben für Verkehr und Nachrichten belief sich 1970 auf 5,0 % und erhöhte sich 1979 auf 11,4 %. Der Maximal-

TAB. 29: AUSGABEN DER ÖFFENTLICHEN HAUSHALTE FÜR DAS VERKEHRS- UND NACHRICHTENWESEN NACH KÖRPERSCHAFTEN UND AUFGABENBEREICH: WASSERSTRASSEN UND HÄFEN EINSCHL. VERWALTUNG (Anteile der Körperschaftsgruppen in %)

| Jahr | insgesamt | Bund[1)] | ERP-Sondervermögen | Länder | Gemeinden/ Gemeindev. | Zweckverbände |
|---|---|---|---|---|---|---|
| 1970 | 100 | 65,9 | 3,4 | 30,8 | - | - |
| 1971 | 100 | 66,0 | 4,9 | 29,1 | - | - |
| 1972 | 100 | 65,2 | 3,6 | 31,2 | - | - |
| 1973 | 100 | 68,0 | 3,8 | 28,3 | - | - |
| 1974[a)] | 100 | 71,5 | 3,0 | 25,4 | - | - |
| 1974[b)] | 100 | 71,5 | 3,0 | 25,4 | - | - |
| 1975 | 100 | 74,5 | 3,4 | 22,0 | - | - |
| 1976 | 100 | 72,9 | 3,4 | 23,7 | - | - |
| 1977 | 100 | 75,4 | 1,1 | 23,5 | - | - |
| 1978 | 100 | 76,1 | 2,7 | 21,2 | - | - |
| 1979 | 100 | 75,6 | 2,2 | 22,2 | - | - |

1) einschl. Deutsche Gesellschaft für öffentliche Arbeiten.

Quelle: siehe TAB. 1 und eigene Berechnungen.

TAB. 30: AUSGABEN DER ÖFFENTLICHEN HAUSHALTE FÜR DAS VERKEHRS- UND NACHRICHTENWESEN NACH KÖRPERSCHAFTEN UND AUFGABENBEREICH: SCHIENENVERKEHR (in Mill. DM)

| Jahr | insgesamt | Bund[1)] | ERP-Sondervermögen | Länder | Gemeinden/ Gemeindev. | Zweckverbände |
|---|---|---|---|---|---|---|
| 1970 | 570,5 | 373,0 | 0,0 | 197,4 | - | - |
| 1971 | 894,1 | 570,0 | + 2,8 | 326,9 | - | - |
| 1972 | 1.453,6 | 1.001,0 | + 3,9 | 456,5 | - | - |
| 1973 | 1.614,9 | 1.051,8 | + 3,8 | 566,9 | - | - |
| 1974[a)] | 1.887,8 | 1.270,2 | + 7,0 | 624,6 | - | - |
| 1974[b)] | 1.887,8 | 1.270,2 | + 7,0 | 624,6 | - | - |
| 1975 | 2.334,2 | 1.593,3 | + 6,8 | 747,8 | - | - |
| 1976 | 2.052,9 | 1.358,8 | - | 694,1 | - | - |
| 1977 | 2.204,6 | 1.480,1 | - | 724,5 | - | - |
| 1978 | 2.467,3 | 1.569,6 | + 5,8 | 903,5 | - | - |
| 1979 | 3.174,2 | 1.652,5 | + 5,0 | 1.526,7 | - | - |

1) einschl. Deutsche Gesellschaft für öffentliche Arbeiten.

Quelle: siehe TAB. 1.

wert wurde bereits 1975 mit 13,6 % realisiert. Der entsprechende Länderanteil stieg von 4,0 % in 1970 auf 17,1 % in 1979. Der Einnahmenüberschuß bezüglich des ERP-Sondervermögens im Bereich Schienenverkehr betrug 1971 4,9 % und 1979 10,5 % des Ausgabenvolumens aus ERP-Sondervermögen im Verkehrs- und Nachrichtenwesen (vgl. TAB. 31).

Die Verteilung der Ausgabenlast im Schienenverkehr zeigt 1970 ein eindeutiges Übergewicht des Bundes mit 65,4 % gegenüber 34,6 % der Länder. Im Untersuchungszeitraum verschlechterte sich dieses Verhältnis zunächst noch weiter zuungunsten des Bundes. Seit 1975 ist diese Tendenz wieder rückläufig und 1979 wird mit 52,1 % Bundesanteil und 48,1 % Länderanteil eine relative Ausgewogenheit der Lastverteilung erzielt. Die Überschüsse aus dem ERP-Sondervermögen belaufen sich für den gesamten Zeitraum auf Werte hinter der Kommastelle (vgl. TAB. 32).

Die Entwicklung der Ausgaben im Bereich Luftverkehr ist aus TAB. 33 zu ersehen. Im Zeitraum 1970 - 1979 stiegen die Ausgaben insgesamt für diesen Verkehrsbereich um 83,9 %, die des Bundes um 102,7 % und die der Länder sanken um 0,5 %. Der Anteil der Ausgaben für die Luftfahrt an den Ausgaben für Verkehr und Nachrichten insgesamt schwanken um 2 %. Im Jahre 1970 betrug der Anteil 1,7 %. Er stieg auf 2,1 % in 1975 und sank dann wieder auf 1,8 % in 1979. Der Anteil der Bundesausgaben für diesen Verkehrsbereich an den gesamten Bundesausgaben für Verkehr und Nachrichten belief sich 1970 auf 3,2 % und 1979 auf 3,4 %. Zwischenzeitlich wurden höhere Anteilswerte realisiert. Das Maximum datiert mit 4,1 % aus dem Jahre 1974. Die entsprechenden Werte für die Länder betrugen 1970 1,1 % und 1979 0,6 %. Der Höchstwert wurde mit 1,4 % 1971 erzielt (vgl. TAB. 34). Die Ausgaben im Verkehrsbereich Luftfahrt bestreiten lediglich zwei der Trägergruppen: der Bund und die Länder. Der Schwerpunkt liegt eindeutig beim Bund. Sein Ausgabenanteil wuchs von 81,8 % im Jahre 1970 auf 90,2 % in 1979. In der Zwischenzeit lag der Anteilswert sogar bei 91,2 % (1974). Der Länderanteil ist entsprechend geschrumpft. Im Jahre 1970 belief sich der Länderanteil an den Ausgaben im Bereich Luftfahrt noch auf 18,2 %. Bis 1979 sank dieser Anteil auf 9,8 %. Im Jahre 1974 wurde bereits ein niedrigerer Wert erreicht (8,8 %). Die dann folgende ansteigende Tendenz hielt aber nicht an (vgl. TAB. 35).

TAB. 31: AUSGABEN DER ÖFFENTLICHEN HAUSHALTE FÜR DAS VERKEHRS- UND NACHRICHTENWESEN NACH KÖRPERSCHAFTEN UND AUFGABENBEREICH: SCHIENENVERKEHR (Anteile der Aufgabenbereiche in %)

| Jahr | insgesamt | Bund[1)] | ERP-Sondervermögen | Länder | Gemeinden/ Gemeindev. | Zweckverbände |
|---|---|---|---|---|---|---|
| 1970 | 3,2 | 5,3( 5,0)* | 0,0 | 4,0 | - | - |
| 1971 | 4,5 | 6,7( 6,6)* | + 4,9 | 6,4 | - | - |
| 1972 | 7,0 | 10,4(1o,1)* | + 9,0 | 8,8 | - | - |
| 1973 | 7,5 | 10,5 | + 8,1 | 10,2 | - | - |
| 1974[a)] | 7,8 | 11,6 | +14,7 | 9,8 | - | - |
| 1974[b)] | 8,2 | 11,6 | +14,7 | 9,8 | - | - |
| 1975 | 9,9 | 13,6 | +10,5 | 10,9 | - | - |
| 1976 | 8,9 | 11,7 | - | 10,8 | - | - |
| 1977 | 9,0 | 12,4 | - | 10,2 | - | - |
| 1978 | 9,2 | 12,2 | + 9,6 | 11,8 | - | - |
| 1979 | 10,3 | 11,4 | +10,5 | 17,1 | - | - |

1) einschl. Deutsche Gesellschaft für öffentliche Arbeiten.

Quelle: siehe TAB. 1. * nach eigener Berechnung.

TAB. 32: AUSGABEN DER ÖFFENTLICHEN HAUSHALTE FÜR DAS VERKEHRS- UND NACHRICHTENWESEN NACH KÖRPERSCHAFTEN UND AUFGABENBEREICH: SCHIENENVERKEHR (Anteile der Körperschaftsgruppen in %)

| Jahr | insgesamt | Bund[1)] | ERP-Sondervermögen | Länder | Gemeinden/ Gemeindev. | Zweckverbände |
|---|---|---|---|---|---|---|
| 1970 | 100 | 65,4 | 0,0 | 34,6 | - | - |
| 1971 | 100 | 63,8 | + 0,3 | 36,6 | - | - |
| 1972 | 100 | 68,9 | + 0,3 | 31,4 | - | - |
| 1973 | 100 | 65,1 | + 0,2 | 35,1 | - | - |
| 1974[a)] | 100 | 67,3 | + 0,4 | 33,1 | - | - |
| 1974[b)] | 100 | 67,3 | + 0,4 | 33,1 | - | - |
| 1975 | 100 | 68,3 | + 0,3 | 32,0 | - | - |
| 1976 | 100 | 66,2 | - | 33,8 | - | - |
| 1977 | 100 | 67,1 | - | 32,9 | - | - |
| 1978 | 100 | 63,6 | + 0,2 | 36,6 | - | - |
| 1979 | 100 | 52,1 | + 0,2 | 48,1 | - | - |

1) einschl. Deutsche Gesellschaft für öffentliche Arbeiten.

Quelle: siehe TAB. 1 und eigene Berechnungen.

TAB. 33: AUSGABEN DER ÖFFENTLICHEN HAUSHALTE FÜR DAS VERKEHRS- UND NACHRICHTENWESEN NACH KÖRPERSCHAFTEN UND AUFGABENBEREICH: LUFTFAHRT (in Mill. DM)

| Jahr | insgesamt | Bund[1)] | ERP-Sondervermögen | Länder | Gemeinden/ Gemeindev. | Zweckverbände |
|---|---|---|---|---|---|---|
| 1970 | 296,5 | 242,6 | - | 53,9 | - | - |
| 1971 | 358,8 | 288,8 | - | 70,0 | - | - |
| 1972 | 427,9 | 376,6 | - | 51,3 | - | - |
| 1973 | 425,4 | 374,3 | - | 51,0 | - | - |
| 1974[a)] | 490,5 | 447,3 | - | 43,2 | - | - |
| 1974[b)] | 490,5 | 447,3 | - | 43,2 | - | - |
| 1975 | 502,6 | 457,5 | - | 45,0 | - | - |
| 1976 | 449,6 | 402,8 | - | 46,9 | - | - |
| 1977 | 472,8 | 427,9 | - | 44,9 | - | - |
| 1978 | 467,0 | 409,2 | - | 57,9 | - | - |
| 1979 | 545,3 | 491,7 | - | 53,6 | - | - |

1) einschl. Deutsche Gesellschaft für öffentliche Arbeiten.

Quelle: siehe TAB. 1.

TAB. 34: AUSGABEN DER ÖFFENTLICHEN HAUSHALTE FÜR DAS VERKEHRS- UND NACHRICHTENWESEN NACH KÖRPERSCHAFTEN UND AUFGABENBEREICH: LUFTFAHRT (Anteile der Aufgabenbereiche in %)

| Jahr | insgesamt | Bund[1)] | ERP-Sondervermögen | Länder | Gemeinden/ Gemeindev. | Zweckverbände |
|---|---|---|---|---|---|---|
| 1970 | 1,7 | 3,5 (3,2)* | - | 1,1 | - | - |
| 1971 | 1,8 | 3,4 (3,3)* | - | 1,4 | - | |
| 1972 | 2,1 | 3,9 (3,8)* | - | 1,0 | - | - |
| 1973 | 2,0 | 3,7 | - | 0,9 | - | - |
| 1974[a)] | 2,0 | 4,1 | - | 0,7 | - | - |
| 1974[b)] | 2,1 | 4,1 | - | 0,7 | - | - |
| 1975 | 2,1 | 3,9 | - | 0,7 | - | - |
| 1976 | 1,9 | 3,5 | - | 0,7 | - | - |
| 1977 | 1,9 | 3,6 | - | 0,6 | - | - |
| 1978 | 1,7 | 3,2 | - | 0,8 | - | - |
| 1979 | 1,8 | 3,4 | - | 0,6 | - | - |

1) einschl. Deutsche Gesellschaft für öffentliche Arbeiten.

Quelle: siehe TAB. 1. * nach eigener Berechnung.

TAB. 35: AUSGABEN DER ÖFFENTLICHEN HAUSHALTE FÜR DAS VERKEHRS- UND NACHRICHTENWESEN NACH KÖRPERSCHAFTEN UND AUFGABENBEREICH: LUFTFAHRT (Anteile der Körperschaftsgruppen in %)

| Jahr | insgesamt | Bund[1)] | ERP-Sondervermögen | Länder | Gemeinden/ Gemeindev. | Zweckverbände |
|---|---|---|---|---|---|---|
| 1970 | 100 | 81,8 | - | 18,2 | - | - |
| 1971 | 100 | 80,5 | - | 19,5 | - | - |
| 1972 | 100 | 88,0 | - | 12,0 | - | - |
| 1973 | 100 | 88,0 | - | 12,0 | - | - |
| 1974[a)] | 100 | 91,2 | - | 8,8 | - | - |
| 1974[b)] | 100 | 91,2 | - | 8,8 | - | - |
| 1975 | 100 | 91,0 | - | 9,0 | - | - |
| 1976 | 100 | 89,6 | - | 10,4 | - | - |
| 1977 | 100 | 90,5 | - | 9,5 | - | - |
| 1978 | 100 | 87,6 | - | 12,4 | - | - |
| 1979 | 100 | 90,2 | - | 9,8 | - | - |

1) einschl. Deutsche Gesellschaft für öffentliche Arbeiten.

Quelle: siehe TAB. 1 und eigene Berechnungen.

Als letzter Bereich ist das sonstige Verkehrs- und Nachrichtenwesen zu analysieren. In der TAB. 36 ist zunächst die Entwicklung der Ausgaben in diesem Bereich dargestellt. Die Ausgaben insgesamt sind im Betrachtungszeitraum um 191,0 % gestiegen. Die Bundesausgaben für das sonstige Verkehrs- und Nachrichtenwesen erhöhten sich um 224,3 %, während die Ausgaben der Länder um 59,6 % zurückgingen . Die Ausgaben der Gemeinden für diesen Verkehrsbereich reduzierten sich bereits 1974 um 100 %, so daß die Gemeinden keine Mittel mehr für das sonstige Verkehrs- und Nachrichtenwesen verausgabten (vgl. TAB. 37). Der Anteil dieses Ausgabenbereichs an den gesamten Ausgaben im Verkehrs- und Nachrichtenwesen ist mit 4,0 % in 1970 und 6,7 % in 1979 gering. Auch der Anteil der Bundesausgaben in diesem Bereich an den Bundesausgaben für Verkehr und Nachrichten stellt sich mit 8,9 % in 1970 und 14,1 % in 1979 als gering dar. Der entsprechende Länderanteil ist noch geringer. Er fällt sogar im Betrachtungszeitraum von 1,1 % in 1970 auf 0,4 % in 1979. Bereits 1972, 1973, 1976, 1977 und 1978 wurden mit 0,3 % niedrigere Werte erreicht. Der Anteil der Gemeinden belief sich zu Beginn des Untersuchungszeitraumes auf 0,6 % (vgl. TAB. 37). Die Verteilung der Ausgabenlast zeigt ein deutliches Obergewicht des Bundes. Sein Anteil

TAB. 36: AUSGABEN DER ÖFFENTLICHEN HAUSHALTE FÜR DAS VERKEHRS- UND NACHRICHTENWESEN NACH KÖRPERSCHAFTEN UND AUFGABENBEREICH: SONSTIGES VERKEHRS- UND NACHRICHTENWESEN (in Mill. DM)

| Jahr | insgesamt | Bund[1)] | ERP-Sondervermögen | Länder | Gemeinden/ Gemeindev. | Zweckverbände |
|---|---|---|---|---|---|---|
| 1970 | 709,5 | 626,5 | - | 52,2 | 30,8 | - |
| 1971 | 949,2 | 844,3 | - | 62,6 | 42,2 | - |
| 1972 | 864,7 | 826,5 | - | 17,2 | 21,0 | - |
| 1973 | 818,9 | 773,2 | - | 16,7 | 29,0 | - |
| 1974[a)] | 978,2 | 925,2 | - | 53,0 | - | - |
| 1974[b)] | 978,2 | 925,2 | - | 53,0 | - | - |
| 1975 | 1.047,8 | 992,3 | - | 55,4 | - | - |
| 1976 | 1.233,2 | 1.211,7 | - | 21,5 | - | - |
| 1977 | 1.323,5 | 1.304,2 | - | 19,3 | - | - |
| 1978 | 1.327,5 | 1.302,6 | - | 25,0 | - | - |
| 1979 | 2.064,7 | 2.032,0 | - | 32,7 | - | - |

1) einschl. Deutsche Gesellschaft für öffentliche Arbeiten.

Quelle: siehe TAB. 1

TAB. 37: AUSGABEN DER ÖFFENTLICHEN HAUSHALTE FÜR DAS VERKEHRS- UND NACHRICHTENWESEN NACH KÖRPERSCHAFTEN UND AUFGABENBEREICH: SONSTIGES VERKEHRS- UND NACHRICHTENWESEN (Anteile der Aufgabenbereiche in %)

| Jahr | insgesamt | Bund[1)] | ERP-Sondervermögen | Länder | Gemeinden/ Gemeindev. | Zweckverbände |
|---|---|---|---|---|---|---|
| 1970 | 4,0 | 8,9(8,3)* | - | 1,1 | 0,6 | - |
| 1971 | 4,8 | 10,0(9,7)* | - | 1,2 | 0,7 | - |
| 1972 | 4,2 | 8,6(8,4)* | - | 0,3 | 0,4 | - |
| 1973 | 3,8 | 7,7 | - | 0,3 | 0,5 | - |
| 1974[a)] | 4,1 | 8,4 | - | 0,8 | - | - |
| 1974[b)] | 4,3 | 8,4 | - | 0,8 | - | - |
| 1975 | 4,4 | 8,5 | - | 0,8 | - | - |
| 1976 | 5,3 | 10,4 | - | 0,3 | - | - |
| 1977 | 5,4 | 10,9 | - | 0,3 | - | - |
| 1978 | 4,9 | 10,1 | - | 0,3 | - | - |
| 1979 | 6,7 | 14,1 | - | 0,4 | - | - |

1) einschl. Deutsche Gesellschaft für öffentliche Arbeiten.

Quelle: siehe TAB. 1. * nach eigener Berechnung.

TAB. 38: AUSGABEN DER ÖFFENTLICHEN HAUSHALTE FÜR DAS VERKEHRS- UND NACHRICHTENWESEN NACH KÖRPERSCHAFTEN UND AUFGABENBEREICH: SONSTIGES VERKEHRS- UND NACHRICHTENWESEN (Anteile der Körperschaftsgruppen in %)

| Jahr | insgesamt | Bund[1)] | ERP-Sondervermögen | Länder | Gemeinden/ Gemeindev. | Zweckverbände |
|---|---|---|---|---|---|---|
| 1970 | 100 | 88,3 | - | 7,4 | 4,3 | - |
| 1971 | 100 | 89,0 | - | 6,6 | 4,4 | - |
| 1972 | 100 | 95,6 | - | 2,0 | 2,4 | - |
| 1973 | 100 | 94,4 | - | 2,0 | 3,5 | - |
| 1974[a)] | 100 | 94,6 | - | 5,4 | - | - |
| 1974[b)] | 100 | 94,6 | - | 5,4 | - | - |
| 1975 | 100 | 94,7 | - | 5,3 | - | - |
| 1976 | 100 | 98,3 | - | 1,7 | - | - |
| 1977 | 100 | 98,5 | - | 1,5 | - | - |
| 1978 | 100 | 98,1 | - | 1,9 | - | - |
| 1979 | 100 | 98,4 | - | 1,6 | - | - |

1) einschl. Deutsche Gesellschaft für öffentliche Arbeiten

Quelle: siehe TAB. 1 und eigene Berechnungen.

betrug 1970 88,3 %. Bis 1979 stieg der Bundesanteil auf 98,4 %. Der Länderanteil nahm im Untersuchungszeitraum entsprechend ab. Der belief sich 1970 noch auf 7,4 % und 1979 auf 1,6 %. Der Gemeindeanteil hatte zu Beginn des Zeitraums Werte um 4 % (vgl. TAB. 38). Die Entwicklung verdeutlicht somit eine fast ausschließliche Trägerschaft des Bundes für die Ausgaben im Bereich sonstiges Verkehrs- und Nachrichtenwesen.

Abschließend wäre noch ein Gesamtüberblick über die Ausgaben- und Trägersituation im Verkehrs- und Nachrichtenwesen zu geben (vgl. dazu TAB. 39). Als Schwerpunkt innerhalb der Trägergruppen für Ausgaben im Verkehrs- und Nachrichtenwesen ist gemäß TAB. 39 eindeutig der Bund identifiziert. Er hat den weitaus größten Teil der Ausgaben zu decken. In den einzelnen Ausgabenbereichen verteilt sich die Last etwas gleichmäßiger. Aus der TAB. 39 geht hervor, daß im Bereich Straßen die Ausgabenlast auf Bund, Länder und Gemeinden verteilt ist. Innerhalb dieses Oberbereiches kommt dem Bund die Hauptlast im Subbereich Bundesautobahnen zu. Für Bundes- und Landstraßen müssen Bund und Länder die wesentlichen Anteile der Ausgaben aufbringen, während im Subbereich Kreisstraßen die Länder

TAB. 39: TRÄGER- UND AUSGABENSCHWERPUNKTE IM VERKEHRS- UND NACHRICHTENWESEN

| | insgesamt | Bund | ERP | Länder | Gemeinden | Zweckverbände |
|---|---|---|---|---|---|---|
| 1. Straßen einschl. Verwaltung | * | + * | | + * | + * | * |
| BAB | | + * | | | | |
| Bundes- und Landesstraßen | | + * | | + * | | |
| Kreisstraßen | | | | + | + | |
| Gemeindestraßen | * | | | * | + * | * |
| Verwaltung | | | | + | | |
| Sonstiges | | + | | | + | |
| 2. Wasserstraßen und Häfen einschl. Verwaltung | | + | * | | | |
| 3. Schienenverkehr | | + | | + | | |
| 4. Luftfahrt | | + | | | | |
| 5. Sonstiges Verkehrs- und Nachrichtenwesen | | + | | | | |

+ := Trägerschwerpunkte der Ausgaben

* := Ausgabenschwerpunkte der Träger

Quelle: TAB. 4 - 38.

und Gemeinden die schwerpunktmäßigen Träger sind. Die Ausgaben für Gemeindestraßen werden erwartungsgemäß zum größten Teil von den Gemeinden selbst erbracht. Die Ausgaben für Verwaltung sind vorwiegend Ländersache, während die sonstigen Ausgaben von Bund und Gemeinden bestritten werden. Für die restlichen Verkehrsbereiche Wasserstraßen, Schienenverkehr, Luftfahrt und sonstiges Verkehrs- und Nachrichtenwesen hat der Bund die Hauptlast zu tragen. Lediglich im Schienenverkehr besteht eine adäquate Verteilung der Ausgabenlast zwischen Bund und Ländern.

Der Ausgabenschwerpunkt im Verkehrs- und Nachrichtenwesen ist der Bereich Straßen einschließlich Verwaltung (vgl. TAB. 39). Dies ist zugleich auch der Ausgabenschwerpunkt des Bundes, der Länder, der Gemeinden und der Zweckverbände. Nur das ERP-Sondervermögen fließt hauptsächlich in einen anderen Verkehrsbereich.

Dies ist der Bereich Wasserstraßen und Häfen einschließlich Verwaltung. Der Bund hat innerhalb des Bereichs Straßen seine Ausgabenschwerpunkte in den Subbereichen Bundesautobahnen und Bundes- und Landesstraßen. Die Länder präferieren die Subbereiche Bundes- und Landesstraßen sowie die Gemeindestraßen. Die Gemeinden und die Zweckverbände verausgaben ihre Mittel überwiegend im Bereich Gemeindestraßen. Ausgabenschwerpunkt innerhalb des Verkehrsbereiches Straßen ist eindeutig der Subbereich Gemeindestraße.

In den TAB. 40 und 41 ist die Entwicklung der Ausgaben im wichtigsten Ausgabenbereich des Verkehrssektors noch einmal im Gesamtzusammenhang dargestellt. Die Ausgaben des Bundes, der Länder und der Gemeinden für das Straßenwesen stiegen im Betrachtungszeitraum 1950/51 - 1979 um 1.956 %. Der Subbereich Bundesautobahnen (BAB) hat eine Ausgabensteigerung von 6.828 % zu verzeichnen, während die Erhöhungen für die Bereiche Bundes- und Landesstraßen (B+LST) 1.657 %, Kreisstraßen (KST) 1.188 %, Gemeindestraßen (GST) 1.725 %, Verwaltung und Sonstiges (VW+S) 1.098 % (seit 1957/58) und Verkehrspolizei (VP) 503 % (1960 - 1980) betragen (vgl. TAB. 40).

Die TAB. 41 verdeutlicht die Anteile der einzelnen Ausgabenbereiche an den gesamten Verkehrsausgaben des Bundes, der Länder und der Gemeinden. Der Ausgabenschwerpunkt sind die Gemeindestraßen. Es folgen in der Rangordnung der Ausgabenanteile die Bundes- und Landesstraßen, die Bundesautobahnen, die Verkehrspolizei, die Kreisstraßen und schließlich die Verwaltung und sonstige Ausgaben.

TAB. 40: NETTOAUSGABEN DES BUNDES, DER LÄNDER UND GEMEINDEN FÜR DAS STRASSENWESEN[1] (in Mill. DM zu jeweiligen Preisen)

| Jahr[2] | insgesamt | BAB | B+LST | KST | GST | VW+S | VP |
|---|---|---|---|---|---|---|---|
| 1950/51 | 1.085 | 57 | 361 | 127 | 540 | . | - |
| 1951/52 | 1.271 | 62 | 404 | 149 | 656 | . | - |
| 1952/53 | 1.505 | 82 | 432 | 182 | 809 | . | - |
| 1953/54 | 1.813 | 107 | 538 | 227 | 941 | . | - |
| 1954/55 | 2.033 | 97 | 579 | 249 | 1.108 | . | - |
| 1955/56 | 2.731 | 210 | 793 | 314 | 1.414 | . | - |
| 1956/57 | 3.209 | 214 | 977 | 326 | 1.603 | 89 | - |
| 1957/58 | 3.275 | 213 | 985 | 317 | 1.660 | 100 | - |
| 1958/59 | 4.222 | 399 | 1.363 | 373 | 1.976 | 111 | - |
| 1959/60 | 4.842 | 478 | 1.465 | 430 | 2.351 | 118 | - |
| 1960 | 6.000 | 810 | 1.620 | 550 | 2.745 | 275 | 580 |
| 1961 | 6.522 | 815 | 1.827 | 554 | 3.035 | 291 | 640 |
| 1962 | 7.219 | 922 | 2.457 | 679 | 2.828 | 333 | 700 |
| 1963 | 8.602 | 890 | 3.159 | 854 | 3.338 | 362 | 770 |
| 1964 | 9.672 | 1.081 | 3.251 | 921 | 3.997 | 423 | 850 |
| 1965 | 9.978 | 1.061 | 3.414 | 887 | 4.089 | 526 | 935 |
| 1966 | 10.407 | 1.225 | 3.522 | 932 | 4.197 | 531 | 1.014 |
| 1967 | 10.873 | 1.711 | 3.661 | 852 | 4.135 | 514 | 1.085 |
| 1968 | 11.281 | 1.625 | 3.728 | 904 | 4.490 | 535 | 1.160 |
| 1969 | 13.036 | 2.033 | 4.164 | 959 | 5.244 | 637 | 1.400 |
| 1970 | 14.892 | 2.528 | 4.409 | 912 | 6.290 | 753 | 1.560 |
| 1971 | 16.348 | 3.959 | 3.411 | 977 | 7.099 | 902 | 1.736 |
| 1972 | 16.624 | 4.081 | 3.596 | 867 | 7.104 | 976 | 2.029 |
| 1973 | 17.324 | 4.067 | 3.715 | 853 | 7.588 | 1.102 | 2.185 |
| 1974[3] | 18.741 | 3.927 | 4.369 | 1.048 | 8.134 | 1.264 | 2.401 |
| 1974[3] | 17.691 | 3.927 | 4.353 | 1.040 | 7.652 | 719 | 2.401 |
| 1975 | 17.563 | 3.915 | 4.544 | 1.101 | 7.218 | 785 | 2.713 |
| 1976 | 17.153 | 3.556 | 4.718 | 885 | 7.166 | 828 | 2.733 |
| 1977 | 18.042 | 3.525 | 5.232 | 963 | 7.540 | 782 | 2.741 |
| 1978 | 20.053 | 3.678 | 5.804 | 1.196 | 8.477 | 898 | 3.306 |
| 1979 | 22.311 | 3.949 | 6.344 | 1.636 | 9.316 | 1.066 | 3.379 |
| 1980 | . | . | . | . | . | . | 3.500 |

1) Einschließlich der durch die "Deutsche Gesellschaft für öffentliche Arbeiten" (Öffa) über den Kreditmarkt finanzierten Ausgaben.

2) Bis 1959/60 Rechnungsjahre 1.4.-31.3.; ohne Saarland; unmittelbare Ausgaben. Ab 1960 Rechnungsjahre 1.1.-31.12.; Nettoausgaben.

3) Da Die Ergebnisse ab dem Rechnungsjahr 1974 infolge der Erweiterung des finanzstatistischen Berichtskreises sowie der Neufassung der kommunalen Haushaltssystematik mit denen früherer Rechnungsjahre nicht voll vergleichbar sind, wurden die Daten für das Jahr 1974 sowohl nach alter, mit den Vorjahren vergleichbarer, als auch nach neuer Abgrenzung und Methode dargestellt. In den Ausgaben nach der neueren Abgrenzung und Methode fehlen u.a. die Ausgaben für die Tiefbauverwaltungen und die Bauhöfe der Gemeinden.

Quellen: BMV (Hrsg.): Verkehr in Zahlen 1972, Bonn 1972, S. C 95 (50/51 - 59/60).
BMV (Hrsg.): Verkehr in Zahlen 1981, Bonn 1981, S. 115 (60 - 80).

TAB. 41: NETTOAUSGABEN DES BUNDES, DER LÄNDER UND GEMEINDEN FÜR DAS STRASSENWESEN IN %

| Jahr | insgesamt = 100 % | BAB | B+LST | KST | GST | VW+S | VP |
|---|---|---|---|---|---|---|---|
| 1950/51 | 100 | 5,3 | 33,2 | 11,7 | 49,8 | . | - |
| 1951/52 | 100 | 4,9 | 31,8 | 11,7 | 51,6 | . | - |
| 1952/53 | 100 | 5,5 | 28,7 | 12,1 | 53,7 | . | - |
| 1953/54 | 100 | 5,9 | 29,7 | 12,5 | 51,9 | . | - |
| 1954/55 | 100 | 4,8 | 28,4 | 12,2 | 54,5 | . | - |
| 1955/56 | 100 | 7,7 | 29,0 | 11,5 | 51,8 | . | - |
| 1956/57 | 100 | 6,7 | 30,5 | 10,2 | 50,0 | 2,8 | - |
| 1957/58 | 100 | 6,5 | 30,1 | 9,7 | 50,7 | 3,1 | - |
| 1958/59 | 100 | 9,5 | 32,3 | 8,8 | 46,8 | 2,6 | - |
| 1959/60 | 100 | 9,9 | 30,3 | 8,9 | 48,6 | 2,4 | - |
| 1960 | 100 | 13,5 | 27,0 | 9,2 | 45,8 | 4,6 | 9,7 |
| 1961 | 100 | 12,5 | 28,0 | 8,5 | 46,5 | 4,5 | 9,8 |
| 1962 | 100 | 12,7 | 34,0 | 9,4 | 39,2 | 4,6 | 9,7 |
| 1963 | 100 | 10,4 | 36,7 | 9,9 | 38,8 | 4,2 | 9,0 |
| 1964 | 100 | 11,2 | 33,6 | 9,5 | 41,3 | 4,4 | 8,8 |
| 1965 | 100 | 10,6 | 34,2 | 8,9 | 41,0 | 5,3 | 9,4 |
| 1966 | 100 | 11,8 | 33,8 | 9,0 | 40,3 | 5,1 | 9,7 |
| 1967 | 100 | 15,7 | 33,7 | 7,8 | 38,0 | 4,7 | 10,0 |
| 1968 | 100 | 14,4 | 33,0 | 8,0 | 39,8 | 4,7 | 10,3 |
| 1969 | 100 | 15,6 | 31,9 | 7,4 | 40,2 | 4,9 | 10,7 |
| 1970 | 100 | 17,0 | 29,6 | 6,1 | 42,2 | 5,1 | 10,5 |
| 1971 | 100 | 24,2 | 20,9 | 6,0 | 43,4 | 5,5 | 10,6 |
| 1972 | 100 | 24,5 | 21,6 | 5,2 | 42,7 | 5,9 | 12,2 |
| 1973 | 100 | 23,5 | 21,4 | 4,9 | 43,8 | 7,0 | 12,6 |
| 1974[3)] | 100 | 21,0 | 23,9 | 5,6 | 43,4 | 6,7 | 12,8 |
| 1974[3)] | 100 | 22,2 | 24,6 | 5,9 | 43,3 | 4,1 | 13,6 |
| 1975 | 100 | 22,3 | 25,9 | 6,3 | 41,1 | 4,5 | 15,5 |
| 1976 | 100 | 20,7 | 27,5 | 5,2 | 41,8 | 4,8 | 15,9 |
| 1977 | 100 | 19,5 | 29,0 | 5,3 | 41,8 | 4,3 | 15,1 |
| 1978 | 100 | 18,3 | 28,9 | 6,0 | 42,3 | 4,5 | 16,5 |
| 1979 | 100 | 17,7 | 28,4 | 7,3 | 41,8 | 4,8 | 15,1 |
| 1980 | . | . | . | . | . | . | . |

Quelle: Eigene Berechnungen nach TAB. 40.

## 2. ENTWICKLUNG DES FINANZBEDARFS FÜR VERKEHRSINVESTITIONEN DARGESTELLT NACH VERKEHRSMITTELN

In TAB. 42 sind die Brutto-Anlageinvestitionen im Verkehrssektor (in Mill. DM) dargestellt. Diese Werte beziehen sich lediglich auf die materielle Verkehrsinfrastruktur. Der Betrachtungszeitraum ist 1950 - 1980. Im Untersuchungszeitraum stieg das Volumen der Brutto-Anlageinvestitionen insgesamt und für die einzelnen Verkehrsbereiche bzw. -mittel erheblich an. Dieser Anstieg hat sich nicht monoton sondern in Oszillationen vollzogen. Der absolute Höhepunkt liegt zudem meist nicht im letzten Jahr des Betrachtungszeitraumes. Der höchste Anstieg im Investitionsvolumen ist im Bereich Straßen und Brücken (ST + BR) mit 4.760 % zu verzeichnen. Es folgen die Bereiche:

Staatlicher Verkehrsbereich (SV) mit 3.906 %
Fluggesellschaften (FG) mit 3.650 % (seit 1954)
Flughäfen (FH) mit 2.800 %
Öffentlicher Straßenpersonenverkehr (ÖPV) mit 1.583 %
Verkehr insgesamt (V) mit 1.437 %
Übriger Verkehr (ÜV) mit 1.278 %
Güterkraftverkehr (GKV) mit 684 %
Nichtbundeseigene Eisenbahnen (NBE) mit 667 %
Wasserstraßen (WS) mit 660 %
Seehäfen (SH) mit 622 %
Seeschiffahrt (SS) mit 515 %
Schiffahrt (S) mit 495 %
Eisenbahnen (E) mit 479 %
Deutsche Bundesbahn (DB) mit 471 %
Rohrfernleitungen (RFL) mit 300 % (seit 1957).

Die unterschiedlichen Steigerungsraten des Investitionsvolumens für die einzelnen Verkehrsbereiche deuten auf eine Verschiebung der Investitionsschwerpunkte hin. Dieser Effekt ist in TAB. 43 veranschaulicht. Hier werden die prozentualen Anteile der einzelnen Verkehrsbereiche am Investitionsvolumen des gesamten Verkehrssektors dargestellt. Der Anteil der Deutschen Bundesbahn sinkt im Betrachtungszeitraum von 31,5 % auf 11,7 %, während der für Straßen und Brücken (ST + BR) von 17,4 % auf 54,9 % steigt. Die Veränderungen in den anderen Bereichen sind nicht so gravierend, zeigen aber eindeutig eine Ver-

TAB. 42: BRUTTO-ANLAGEINVESTITIONEN[1] IM VERKEHRSSEKTOR (in Mill.DM zu jeweiligen Preisen))

| Jahr | DB | NBE[2] | E | BS[3] | BH[4] | SS[5] | SH | S | ÖPV[6] | GKV[7] | FG[8] | FH[9] | RFL[10] | ÖV | ST+BR | WS[11] | SV | V | AlAWc |
|---|---|---|---|---|---|---|---|---|---|---|---|---|---|---|---|---|---|---|---|
| 1950 | 690 | 30 | 720 | 40 | 30 | 270 | 90 | 430 | 230 | 310 | - | 20 | - | 560 | 380 | 100 | 480 | 2.190 | |
| 1951 | 640 | 30 | 670 | 40 | 20 | 430 | 80 | 570 | 210 | 320 | - | 20 | - | 550 | 570 | 120 | 690 | 2.480 | |
| 1952 | 720 | 40 | 760 | 70 | 30 | 480 | 100 | 680 | 230 | 440 | - | 30 | - | 700 | 720 | 130 | 850 | 2.990 | |
| 1953 | 1.050 | 60 | 1.110 | 110 | 30 | 800 | 130 | 1.070 | 290 | 520 | - | 50 | - | 860 | 870 | 160 | 1.030 | 4.070 | |
| 1954 | 990 | 50 | 1.040 | 120 | 40 | 830 | 120 | 1.110 | 330 | 500 | 20 | 40 | - | 890 | 1.020 | 150 | 1.170 | 4.210 | |
| 1955 | 1.470 | 60 | 1.530 | 150 | 30 | 820 | 140 | 1.140 | 340 | 610 | 60 | 30 | - | 1.040 | 1.520 | 160 | 1.680 | 5.390 | |
| 1956 | 1.910 | 60 | 1.970 | 160 | 40 | 730 | 160 | 1.090 | 370 | 660 | 60 | 30 | - | 1.120 | 1.900 | 160 | 2.060 | 6.240 | |
| 1957 | 1.850 | 60 | 1.910 | 180 | 90 | 720 | 150 | 1.140 | 370 | 430 | 60 | 40 | 20 | 920 | 2.000 | 170 | 2.170 | 6.140 | |
| 1958 | 1.960 | 70 | 2.030 | 190 | 50 | 800 | 130 | 1.170 | 390 | 440 | 60 | 50 | 130 | 1.070 | 2.340 | 200 | 2.540 | 6.810 | |
| 1959 | 1.910 | 70 | 1.980 | 140 | 90 | 860 | 130 | 1.220 | 420 | 600 | 70 | 70 | 170 | 1.330 | 3.210 | 220 | 3.430 | 7.960 | |
| 1960 | 2.090 | 80 | 2.170 | 130 | 100 | 420 | 150 | 800 | 500 | 950 | 170 | 90 | 30 | 1.740 | 3.420 | 250 | 3.670 | 8.380 | 74.450 |
| 1961 | 2.580 | 70 | 2.650 | 140 | 90 | 530 | 180 | 940 | 530 | 1.170 | 230 | 100 | 30 | 2.060 | 4.190 | 300 | 4.490 | 10.140 | 84.430 |
| 1962 | 2.860 | 70 | 2.930 | 160 | 90 | 380 | 200 | 830 | 600 | 1.310 | 150 | 100 | 170 | 2.330 | 5.350 | 370 | 5.720 | 11.810 | 93.890 |
| 1963 | 2.910 | 90 | 3.000 | 160 | 90 | 420 | 200 | 870 | 670 | 1.370 | 80 | 120 | 180 | 2.420 | 6.390 | 400 | 6.790 | 13.080 | 98.750 |
| 1964 | 3.090 | 100 | 3.190 | 160 | 100 | 580 | 220 | 1.060 | 680 | 1.400 | 220 | 150 | 30 | 2.480 | 7.350 | 350 | 7.700 | 14.430 | 112.890 |
| 1965 | 2.240 | 110 | 2.350 | 120 | 100 | 720 | 230 | 1.170 | 710 | 1.330 | 370 | 190 | 210 | 2.810 | 7.280 | 360 | 7.640 | 13.970 | 121.130 |
| 1966 | 1.820 | 110 | 1.930 | 120 | 70 | 950 | 230 | 1.370 | 960 | 1.170 | 380 | 200 | 290 | 3.000 | 7.900 | 290 | 8.190 | 14.490 | 125.420 |
| 1967 | 2.120 | 100 | 2.200 | 100 | 80 | 1.330 | 210 | 1.720 | 1.040 | 770 | 490 | 270 | 250 | 2.820 | 7.150 | 370 | 7.520 | 14.280 | 115.450 |
| 1968 | 1.920 | 80 | 2.000 | 100 | 90 | 1.160 | 220 | 1.570 | 1.220 | 1.070 | 450 | 340 | 50 | 3.130 | 8.300 | 370 | 8.670 | 15.370 | 121.450 |
| 1969 | 2.190 | 90 | 2.280 | 160 | 80 | 1.150 | 330 | 2.020 | 1.350 | 1.260 | 330 | 460 | 30 | 3.430 | 9.610 | 450 | 10.060 | 17.790 | 141.320 |
| 1970 | 2.910 | 130 | 3.040 | 200 | 80 | 2.120 | 410 | 2.810 | 1.440 | 1.540 | 560 | 670 | 50 | 4.260 | 11.760 | 490 | 12.250 | 22.360 | 175.720 |
| 1971 | 3.350 | 160 | 3.510 | 350 | 140 | 2.550 | 480 | 3.520 | 1.750 | 1.810 | 640 | 900 | 180 | 5.280 | 12.480 | 640 | 13.120 | 25.430 | 201.930 |
| 1972 | 3.300 | 220 | 3.520 | 420 | 150 | 2.300 | 500 | 3.370 | 2.000 | 1.250 | 630 | 800 | 250 | 4.930 | 12.620 | 640 | 13.260 | 25.080 | 216.980 |
| 1973 | 3.560 | 180 | 3.740 | 270 | 110 | 1.840 | 500 | 2.720 | 2.120 | 1.430 | 650 | 590 | 150 | 4.940 | 12.630 | 680 | 13.310 | 24.710 | 228.020 |
| 1974 | 3.950 | 200 | 4.150 | 160 | 110 | 2.500 | 450 | 3.220 | 2.190 | 1.150 | 570 | 420 | 100 | 4.430 | 13.420 | 710 | 14.130 | 25.930 | 219.680 |
| 1975 | 3.900 | 240 | 4.140 | 120 | 140 | 1.620 | 400 | 2.280 | 2.450 | 1.450 | 730 | 410 | 50 | 5.090 | 13.050 | 800 | 13.850 | 25.360 | 218.070 |
| 1976 | 3.880 | 280 | 4.160 | 120 | 140 | 2.120 | 510 | 2.890 | 2.600 | 1.850 | 690 | 390 | 100 | 5.630 | 12.650 | 860 | 13.510 | 26.190 | 235.330 |
| 1977 | 4.020 | 270 | 4.290 | 120 | 90 | 2.630 | 540 | 3.380 | 2.800 | 1.960 | 890 | 370 | 70 | 6.090 | 13.060 | 920 | 13.980 | 27.740 | 252.530 |
| 1978 | 4.040 | 230 | 4.270 | 110 | 100 | 2.320 | 430 | 2.960 | 3.320 | 2.290 | 1.060 | 510 | 70 | 7.250 | 15.100 | 870 | 15.970 | 30.450 | 276.840 |
| 1979 | 3.800 | 220 | 4.020 | 150 | 80 | 1.660 | 540 | 2.430 | 3.810 | 2.750 | 1.000 | 540 | 80 | 8.180 | 17.600 | 800 | 18.400 | 33.030 | 318.160 |
| 1980 | 3.940 | 230 | 4.170 | 150 | 100 | 1.660 | 650 | 2.560 | 3.870 | 2.430 | 750 | 580 | 80 | 7.710 | 18.470 | 760 | 19.230 | 33.670 | 355.320 |

1) Ohne Grunderwerb. Die Jahre 1950 - 1959 ohne Saarland und Berlin West.
2) Eisenbahnen des öffentlichen Verkehrs.
3) Binnenflotte der Bundesrepublik Deutschland.
4) Öffentliche Binnenhafen
5) Handelsflotte der Bundesrepublik.
6) Stadtschnellbahn (U-Bahn), Straßenbahn-, Obus- und Kraftomnibusverkehr kommunaler und gemischtwirtschaftlicher sowie privater Unternehmen, einschl. Taxis und Mietwagen.
7) Gewerblicher Verkehr einschl. Verkehrsnebengewerbe (Spedition, Lagerei und Verkehrsvermittlung).
8) Gewerbliche Unternehmen der Bundesrepublik Deutschland.
9) Einschließlich Flugsicherung.
10) Rohöl- und Mineralölproduktleitungen über 40 km Länge.
11) Binnen- und Seewasserstraßen.

Quellen: BMV (Hrsg.): Verkehr in Zahlen 1972, Bonn 1972, S. B 38 (50 - 59)
BMV (Hrsg.): Verkehr in Zahlen 1981, Bonn 1981, S. 32 f. (60 - 80)

TAB. 43: BRUTTO-ANLAGEINVESTITIONEN IM VERKEHRSSEKTOR IN %-ANGABEN

| Jahr | DB % | NBE % | E % | BS % | BH % | SS % | SH % | S % | ÖPV % | GKV % | FG % | FH % | RFL % | ÖV % | ST+BR | WS % | SV % | V % |
|---|---|---|---|---|---|---|---|---|---|---|---|---|---|---|---|---|---|---|
| 1950 | 31,5 | 1,4 | 32,9 | 1,8 | 1,4 | 12,3 | 4,1 | 19,6 | 10,5 | 14,2 | - | 0,9 | - | 25,6 | 17,4 | 4,6 | 21,9 | 100 |
| 1951 | 25,8 | 1,2 | 27,0 | 1,6 | 0,8 | 17,3 | 3,2 | 23,0 | 8,5 | 12,9 | - | 0,8 | - | 22,2 | 23,0 | 4,8 | 27,8 | 100 |
| 1952 | 24,1 | 1,3 | 30,6 | 2,8 | 1,0 | 16,1 | 3,3 | 22,7 | 7,7 | 14,7 | - | 1,0 | - | 23,4 | 24,1 | 4,3 | 28,4 | 100 |
| 1953 | 25,8 | 1,5 | 27,3 | 2,7 | 0,7 | 19,7 | 3,2 | 26,3 | 7,1 | 12,8 | - | 1,2 | - | 21,1 | 21,4 | 3,9 | 25,3 | 100 |
| 1954 | 23,5 | 1,2 | 24,7 | 2,9 | 1,0 | 19,7 | 2,9 | 26,4 | 7,8 | 11,9 | 0,5 | 1,0 | - | 21,1 | 24,2 | 3,6 | 27,8 | 100 |
| 1955 | 27,3 | 1,1 | 28,4 | 2,8 | 0,6 | 15,2 | 2,6 | 21,2 | 6,3 | 11,3 | 1,1 | 0,6 | - | 19,3 | 28,2 | 3,0 | 31,2 | 100 |
| 1956 | 30,6 | 1,0 | 31,6 | 2,6 | 0,6 | 11,7 | 2,6 | 17,5 | 5,9 | 10,6 | 1,0 | 0,5 | - | 17,9 | 30,5 | 2,6 | 33,0 | 100 |
| 1957 | 30,1 | 1,0 | 31,1 | 2,9 | 1,5 | 11,7 | 2,4 | 18,6 | 6,0 | 7,0 | 1,0 | 0,7 | 0,3 | 15,0 | 32,6 | 2,8 | 35,3 | 100 |
| 1958 | 28,8 | 1,0 | 29,8 | 2,8 | 0,7 | 11,7 | 1,9 | 17,2 | 5,7 | 6,5 | 0,8 | 0,7 | 1,9 | 15,7 | 34,4 | 2,9 | 37,3 | 100 |
| 1959 | 24,0 | 0,9 | 24,9 | 1,8 | 1,1 | 10,8 | 1,6 | 15,3 | 5,3 | 7,5 | 0,9 | 0,9 | 2,1 | 16,7 | 40.3 | 2,8 | 43,1 | 100 |
| 1960 | 24,9 | 1,0 | 25,9 | 1,6 | 1,2 | 5,0 | 1,8 | 9,5 | 6,0 | 11,3 | 2,0 | 1,1 | 0,4 | 20,8 | 40,8 | 3,0 | 43,8 | 100 |
| 1961 | 25,4 | 0,7 | 26,1 | 1,4 | 0,9 | 5,2 | 1,8 | 9,3 | 5,2 | 11,5 | 2,3 | 1,0 | 0,3 | 20,3 | 41,3 | 3,0 | 44,3 | 100 |
| 1962 | 24,2 | 0,6 | 24,8 | 1,4 | 0,8 | 3,2 | 1,7 | 7,0 | 5,1 | 11,1 | 1,3 | 0,9 | 1,4 | 19,7 | 45,3 | 3,1 | 48,4 | 100 |
| 1963 | 22,2 | 0,7 | 22,9 | 1,2 | 0,7 | 3,2 | 1,5 | 6,7 | 5,1 | 10,5 | 0,6 | 0,9 | 1,4 | 18,5 | 48,9 | 3,1 | 51,9 | 100 |
| 1964 | 21.4 | 0,7 | 22,1 | 1,1 | 0,7 | 4,0 | 1,5 | 7,3 | 4,7 | 9,7 | 1,5 | 1,0 | 0,2 | 17,2 | 50,9 | 2,4 | 53,4 | 100 |
| 1965 | 16,0 | 0,8 | 16,8 | 0,9 | 0,7 | 5,2 | 1,6 | 8,4 | 5,1 | 9,5 | 2,6 | 1,4 | 1,5 | 20,1 | 52,1 | 2,6 | 54,7 | 100 |
| 1966 | 12,6 | 0,8 | 13,3 | 0,8 | 0,5 | 6,6 | 1,6 | 9,5 | 6,6 | 8,1 | 2,6 | 1,4 | 2,0 | 20,7 | 54,5 | 2,0 | 56,5 | 100 |
| 1967 | 14,8 | 0,7 | 15,4 | 0,7 | 0,6 | 9,3 | 1,5 | 12,0 | 7,3 | 5,4 | 3,4 | 1,9 | 1,8 | 19,7 | 50,1 | 2,6 | 52,7 | 100 |
| 1968 | 12,5 | 0,5 | 13,0 | 0,7 | 0,6 | 7,5 | 1,4 | 10,2 | 7,9 | 7,0 | 2,9 | 2,2 | 0,3 | 20,4 | 54,0 | 2,4 | 56,4 | 100 |
| 1969 | 12,3 | 0,5 | 12,8 | 0,9 | 0,5 | 6,5 | 1,9 | 11,4 | 7,6 | 7,1 | 1,6 | 2,6 | 0,2 | 19,3 | 54,0 | 2,5 | 56,5 | 100 |
| 1970 | 13,0 | 0,6 | 13,6 | 0,9 | 0,4 | 9,5 | 1,8 | 12,6 | 6,4 | 6,9 | 2,5 | 3,0 | 0,2 | 19,1 | 52,6 | 2,2 | 54,8 | 100 |
| 1971 | 13,2 | 0,6 | 13,8 | 1,4 | 0,6 | 10,0 | 1,9 | 13,8 | 6,9 | 7,1 | 2,5 | 3,5 | 0,7 | 20,8 | 49,1 | 2,5 | 51,6 | 100 |
| 1972 | 13,2 | 0,9 | 14,0 | 1,7 | 0,6 | 9,2 | 2,0 | 13,4 | 8,0 | 5,0 | 2,5 | 3,2 | 1,0 | 19,7 | 50,3 | 2,6 | 52,9 | 100 |
| 1973 | 14,4 | 0,7 | 15,1 | 1,1 | 0,4 | 7,5 | 2,0 | 11,0 | 8,6 | 5,8 | 2,6 | 2,4 | 0,6 | 20,0 | 51,1 | 2,8 | 53,9 | 100 |
| 1974 | 15,2 | 0,8 | 16,0 | 0,6 | 0,4 | 9,6 | 1,7 | 12,4 | 8,5 | 4,4 | 2,2 | 1,6 | 0,4 | 17,1 | 51,8 | 2,7 | 54,5 | 100 |
| 1975 | 15,4 | 0,9 | 16,3 | 0,5 | 0,6 | 6,4 | 1,6 | 9,0 | 9,7 | 5,7 | 2,9 | 1,6 | 0,2 | 20,1 | 51,5 | 3,2 | 54,6 | 100 |
| 1976 | 14,8 | 1,1 | 15,9 | 0,5 | 0,5 | 8,1 | 1,9 | 11,0 | 9,9 | 7,0 | 2,6 | 1,5 | 0,4 | 21,5 | 48,3 | 3,3 | 51,6 | 100 |
| 1977 | 14,5 | 1,0 | 15,5 | 0,4 | 0,3 | 9,5 | 1,9 | 12,2 | 10,1 | 7,1 | 3,2 | 1,3 | 0,3 | 21,9 | 47,1 | 3,3 | 50,4 | 100 |
| 1978 | 13,3 | 0,8 | 14,0 | 0,4 | 0,3 | 7,6 | 1,4 | 9,7 | 10,9 | 7,5 | 3,5 | 1,7 | 0,2 | 23,8 | 49,6 | 2,9 | 52,4 | 100 |
| 1979 | 11,5 | 0,7 | 12,2 | 0,5 | 0,2 | 5,0 | 1,6 | 7,4 | 11,5 | 8,3 | 3,0 | 1,6 | 0,2 | 24,8 | 53,3 | 2,4 | 55,7 | 100 |
| 1980 | 11,7 | 0,7 | 12,4 | 0,5 | 0,3 | 4,9 | 1,9 | 7,6 | 11,5 | 7,2 | 2,2 | 1,7 | 0,2 | 22,8 | 54,9 | 2,3 | 57,1 | 100 |

Quelle: Eigene Berechnungen nach TAB. 42.

lagerung der Investitionstätigkeit. Die Veränderungen der Anteilswerte der Bereiche Deutsche Bundesbahn sowie Straßen und Brücken läßt die Vermutung zu, daß die Veränderungen der Investitionsanteile in Anlehnung an die Veränderungen der Modal Split-Werte erfolgten.[12)]

## 3. ENTWICKLUNG DES FINANZBEDARFS FÜR VERKEHRSINVESTITIONEN DARGESTELLT AM BEISPIEL DER BUNDESBAHN

Zur Veranschaulichung des Finanzbedarfs des Bundes für Verkehrsinvestitionen sind in TAB. 44 die Ist-Ausgaben des Bundes im Verkehrswesen dargestellt. Der Betrachtungszeitraum erstreckt sich auf die Jahre 1950/51 - 1980. Die Vergleichbarkeit der Werte für die einzelnen Jahre ist aufgrund der Veränderung der Abgrenzung des Haushaltsjahres eingeschränkt. Seit 1960 läuft der Haushalt parallel mit dem Kalenderjahr. Die absoluten Werte dürften aber nur geringfügig verzerrt sein.

Die Verkehrsausgaben des Bundes insgesamt haben sich seit 1950/51 um 4.516 % erhöht. Der Investitionsanteil an diesen Ausgaben fiel von 68 % im Jahre 1960 auf 49 % in 1980. Diese Tatsache verdeutlicht die zwar schrumpfende aber doch starke Bedeutung der Investitionen. Der abnehmende Anteil der Investitionen bei steigendem Ausbaugrad des Verkehrssystems ist aufgrund der wachsenden Anteile für Erhaltung und Instandsetzung verständlich. Für die einzelnen Teilbereiche der Verkehrsausgaben ist der Anteil der Investitionen nicht bekannt. Die hypothetische Formulierung der gleichen Anteilswerte wie bezüglich der Gesamtausgaben ist durch keinerlei Hinweise begründet.

Die Ausgaben des Bundes für die Bundesfernstraßen stiegen im Untersuchungszeitraum um 3.215 %, die für Verbesserung der Verkehrsverhältnisse in Gemeinden seit 1967 um 298 %, die für Bundeswasserstraßen seit 1950/51 um 515 %, die für Eisenbahnen um 18.282 %, die für Luftfahrt einschließlich Flugsicherung um 24.600 % und die für übrige Verkehrsausgaben um 4.493 %. Die Ausgaben des Bundes über alle Ausgabenbereiche stiegen demgegenüber seit 1951/52 um 1.113 %. Der Anteil der Investitionen an diesen Gesamtausgaben des Bundes beläuft sich seit 1960 auf ca. 17 %. Der Anteil schwankt zwischen 19 und 14 %. Im Jahre 1980 betrug der Anteil 15 %. Dies zeigt, daß der Anteil der Investitionen an den Verkehrsausgaben des Bundes wesentlich höher ist als der an den Gesamtausgaben

TAB. 44: IST-AUSGABEN DES BUNDES FÜR VERKEHR (in Mill.DM zu jeweiligen Preisen)

| Jahr[1] | V insg.[2] | dar. Inv. in % | BFST[2] | VVV in G[2] | BWS[2] | E | FV | ÖVA | AdB insgesamt | dar. Inv. in % |
|---|---|---|---|---|---|---|---|---|---|---|
| 1950/51 | 526 | - | 206 | - | 287 | - | 2 | 31 | - | - |
| 1951/52 | 569 | - | 210 | - | 310 | - | 2 | 47 | 17.898,1 | - |
| 1952/53 | 710 | - | 243 | - | 320 | 62 | 17 | 68 | 19.762,1 | - |
| 1953/54 | 1.137 | - | 304 | - | 338 | 379 | 38 | 78 | 21.844,6 | - |
| 1954/55 | 1.528 | - | 297 | - | 333 | 758 | 54 | 86 | 22.742,1 | - |
| 1955/56 | 1.761 | - | 490 | - | 298 | 819 | 67 | 87 | - | - |
| 1956/57 | 2.301 | - | 776 | - | 274 | 1.077 | 73 | 101 | 27.802 | - |
| 1957/58 | 2.754 | - | 867 | - | 277 | 1.396 | 97 | 117 | 31.822 | - |
| 1958/59 | 2.858 | - | 1.274 | - | 346 | 991 | 92 | 155 | 33.913 | - |
| 1959/60 | 3.075 | - | 1.544 | - | 367 | 850 | 134 | 180 | 38.328 | - |
| 1960 | 3.600 | 68 | 1.700 | - | 337 | 1.103 | 169 | 251 | 41.450 | 17 |
| 1961 | 3.533 | 54 | 1.837 | - | 391 | 804 | 207 | 294 | 46.209 | 17 |
| 1962 | 4.511 | 57 | 2.383 | - | 485 | 1.130 | 195 | 318 | 50.741 | 17 |
| 1963 | 4.967 | 60 | 2.731 | - | 483 | 1.241 | 176 | 336 | 55.234 | 17 |
| 1964 | 5.602 | 60 | 3.145 | - | 510 | 1.448 | 187 | 312 | 59.150 | 17 |
| 1965 | 7.153 | 46 | 3.315 | - | 529 | 2.819 | 192 | 298 | 65.462 | 16 |
| 1966 | 7.242 | 45 | 3.406 | - | 565 | 2.801 | 174 | 296 | 68.509 | 15 |
| 1967 | 9.157 | 57 | 4.281 | 596 | 660 | 3.096 | 203 | 321 | 76.722 | 18 |
| 1968 | 9.007 | 53 | 4.121 | 751 | 705 | 2.969 | 139 | 322 | 76.074 | 17 |
| 1969 | 10.341 | 54 | 4.570 | 905 | 760 | 3.420 | 224 | 462 | 82.416 | 17 |
| 1970 | 11.192 | 57 | 5.108 | 970 | 794 | 3.358 | 309 | 653 | 88.207 | 17 |
| 1971 | 13.338 | 55 | 5.780 | 1.188 | 936 | 4.395 | 315 | 724 | 98.769 | 18 |
| 1972 | 16.903 | 51 | 5.948 | 1.793 | 983 | 6.936 | 412 | 831 | 112.574 | 19 |
| 1973 | 18.652 | 46 | 5.972 | 2.120 | 1.047 | 8.365 | 546 | 602 | 122.571 | 19 |
| 1974 | 19.158 | 47 | 5.864 | 2.130 | 1.287 | 8.415 | 522 | 940 | 134.907 | 17 |
| 1975 | 19.204 | 46 | 5.824 | 2.084 | 1.480 | 8.061 | 548 | 1.207 | 160.032 | 16 |
| 1976 | 19.595 | 47 | 5.798 | 2.149 | 1.504 | 8.637 | 447 | 1.060 | 166.447 | 14 |
| 1977 | 21.533 | 49 | 5.983 | 2.077 | 1.582 | 10.258 | 457 | 1.176 | 174.104 | 14 |
| 1978 | 24.632 | 48 | 6.558 | 2.192 | 1.889 | 12.268 | 411 | 1.314 | 190.846 | 15 |
| 1979 | 26.430 | 51 | 7.219 | 2.413 | 1.745 | 13.114 | 412 | 1.527 | 204.685 | 16 |
| 1980 | 24.283 | 49 | 6.830 | 2.373 | 1.765 | 11.397 | 494 | 1.424 | 217.085 | 15 |

1) Bis 1959/60 Rechnungsjahre 1.4.-31.3.; ohne Saarland.
Ab 1960 Rechnungsjahre 1.1.-31.12.

2) Einschließlich durch die "Deutsche Gesellschaft für öffentliche Arbeiten" (Öffa) über den Kreditmarkt finanzierte Ausgaben.

3) Einschließlich Ergänzungszuweisungen an finanzschwache Länder; ohne Finanzierungsanteile der Europäischen Gemeinschaften. (!)

Quellen: BMV (Hrsg.): Verkehr in Zahlen 1972, Bonn 1972, S. C 94 (50/51 - 59/60).
BMV (Hrsg.): Verkehr in Zahlen 1981, Bonn 1981, S. 114 (60 - 80).

des Bundes. Der Verkehrssektor weist einen überdurchschnittlichen Investitionsanteil auf. Der Ausbau dieses Sektors hat demnach mindestens seit 1960 Vorrang vor anderen Sektoren gehabt. Diese Tatsache mag sich aus der im Verkehrssektor bestehenden Engpaßphilosophie entwickelt haben.

Weiter fällt auf, daß die Investitionsanteile an den Verkehrsausgaben stärker geschrumpft sind als die an den gesamten Ausgaben des Bundes. Dies erklärt einmal die erwähnte Erhöhung der Ausgaben für Erhaltung und Instandsetzung und zum anderen die erfolgreiche Planung zur Engpaßbeseitigung. Der dennoch hohe Investitionsanteil an den Verkehrsausgaben dokumentiert die grundlegende volkswirtschaftliche Bedeutung des Verkehrssektors und damit die Notwendigkeit seines weiterhin verstärkten Ausbaus.

In TAB. 45 werden Ist-Ausgaben des Bundes für Verkehr noch einmal in Prozentwerten ausgewiesen. Die Verkehrsausgaben insgesamt wurden gleich hundert gesetzt. Die Ausgaben für Bundesfernstraßen schwanken von 39,2 % im Jahre 1950/51 über 56,1 % in 1964 auf 28,1 % in 1980. Dieser Ausgabenbereich ist der zweitstärkste unter den Ausgaben des Bundes für Verkehr. Die Anteilswerte für Verkehrsverbesserung in Gemeinden entwickeln sich von 6,5 % in 1967 über 11,4 % in 1973 auf 9,8 % in 1980. Es ist der drittstärkste Aufgabenbereich des Bundes im Verkehrssektor. Die Ausgaben für Wasserstraßen haben sich hingegen vom wichtigsten Bundesausgabenbereich im Verkehr mit 54,6 % Anteil im Jahre 1950/51 zum viertstärksten Ausgabenbereich zurückentwickelt. Der Tiefpunkt dieses Aufgabenbereichs liegt mit 5,6 % Anteil in dem Betrachtungsjahr 1973. Relativ stark schwankt auch der Anteil der Ausgaben für Eisenbahnen. 1952/53 lag der Anteilswert bei 8,7 %, stieg dann bis 1957/58 auf 50,7 %, sank wieder auf 22,8 % in 1961, stieg wiederum bis 1978 auf 49,8 % und sank 1980 auf 46,9 %. Diese Ausgaben weisen somit den höchsten Anteil an den Verkehrsausgaben des Bundes auf. Ein Faktum, das mit TAB. 39 in Widerspruch steht. Die Klärung des Widerspruchs kann sich nur aus der unterschiedlichen Datenbasis der beiden betreffenden Tabellen ergeben. Die TAB. 39 gaht auf Datenmaterial des Statistischen Bundesamtes zurück. TAB. 45 basisiert hingegen auf Unterlagen des Bundesministers für Verkehr.

Die Ausgaben für Luftfahrt stiegen von 0,4 % Anteil in 1950/51 auf 2,0 % in 1980. Zwischenzeitlich wurde der höchste Wert mit 5,9 % im Jahre 1961 erreicht. Die übrigen Verkehrsausgaben haben sich mit 5,9 % in 1950/51 und 1980 auf dem

TAB. 45: IST-AUSGABEN DES BUNDES FÜR VERKEHR IN %

| Jahr | V insg. | b FST | VVV in G | BWS | E | FV | ÖVA | V insg. zu AdB insg. |
|---|---|---|---|---|---|---|---|---|
| 1950/51 | 100 | 39,2 | - | 54,6 | - | 0,4 | 5,9 | - |
| 1951/52 | 100 | 36,9 | - | 54,5 | - | 0,4 | 8,3 | - |
| 1952/53 | 100 | 34,2 | - | 45,1 | 8,7 | 2,4 | 9,6 | - |
| 1953/54 | 100 | 26,7 | - | 29,7 | 33,3 | 3,3 | 6,9 | - |
| 1954/55 | 100 | 19,4 | - | 21,8 | 49,6 | 3,5 | 5,6 | - |
| 1955/56 | 100 | 27,8 | - | 16,9 | 46,5 | 3,8 | 4,9 | - |
| 1956/57 | 100 | 33,7 | - | 11,9 | 46,8 | 3,1 | 4,4 | - |
| 1957/58 | 100 | 31,5 | - | 10,1 | 50,7 | 3,5 | 4,2 | - |
| 1958/59 | 100 | 44,6 | - | 12,1 | 34,7 | 3,2 | 5,4 | - |
| 1959/60 | 100 | 50,2 | - | 11,9 | 27,6 | 4,4 | 5,9 | - |
| 1960 | 100 | 47,2 | - | 9,4 | 30,6 | 4,7 | 7,0 | 8,7 |
| 1961 | 100 | 52,0 | - | 11,1 | 22,8 | 5,9 | 8,3 | 7,6 |
| 1962 | 100 | 52,8 | - | 10,8 | 25,1 | 4,3 | 7,1 | 8,9 |
| 1963 | 100 | 55,0 | - | 9,7 | 25,0 | 3,5 | 6,8 | 9,0 |
| 1964 | 100 | 56,1 | - | 9,1 | 25,9 | 3,3 | 5,6 | 9,5 |
| 1965 | 100 | 46,3 | - | 7,4 | 39,4 | 2,7 | 4,2 | 10,9 |
| 1966 | 100 | 47,0 | - | 7,8 | 38,7 | 2,4 | 4,1 | 10,6 |
| 1967 | 100 | 46,8 | 6,5 | 7,2 | 33,8 | 2,2 | 3,5 | 11,9 |
| 1968 | 100 | 45,8 | 8,3 | 7,8 | 33,0 | 1,5 | 3,6 | 11,8 |
| 1969 | 100 | 44,2 | 8,8 | 7,4 | 33,1 | 2,2 | 4,5 | 12,5 |
| 1970 | 100 | 45,6 | 8,7 | 7,1 | 30,0 | 2,8 | 5,8 | 12,7 |
| 1971 | 100 | 43,3 | 8,9 | 7,0 | 33,0 | 2,4 | 5,4 | 13,5 |
| 1972 | 100 | 35,2 | 10,6 | 5,8 | 41,0 | 2,4 | 4,9 | 15,0 |
| 1973 | 100 | 32,0 | 11,4 | 5,6 | 44,8 | 2,9 | 3,2 | 15,2 |
| 1974 | 100 | 30,6 | 11,1 | 6,7 | 43,9 | 2,7 | 4,9 | 14,2 |
| 1975 | 100 | 30,3 | 10,9 | 7,7 | 42,0 | 2,9 | 6,3 | 12,0 |
| 1976 | 100 | 29,6 | 11,0 | 7,7 | 44,1 | 2,3 | 5,4 | 11,8 |
| 1977 | 100 | 27,8 | 9,6 | 7,3 | 47,6 | 2,1 | 5,5 | 12,4 |
| 1978 | 100 | 26,6 | 8,9 | 7,5 | 49,8 | 1,7 | 5,3 | 12,9 |
| 1979 | 100 | 27,3 | 9,1 | 6,6 | 49,6 | 1,6 | 5,8 | 12,9 |
| 1980 | 100 | 28,1 | 9,8 | 7,3 | 46,9 | 2,0 | 5,9 | 11,2 |

Quelle: Eigene Berechnungen nach TAB. 44.

gleichen Niveau gehalten. Im Betrachtungszeitraum sind allerdings Schwankungen zu verzeichnen. Der Maximalwert wurde 1952/53 mit 9,6 % erzielt. Das Minimum lag 1973 bei 3,2 %.

Schließlich weist TAB. 45 noch den Anteil der Ausgaben des Bundes für Verkehr an den gesamten Ausgaben des Bundes aus. Dieser Wert betrug 1960 8,7 %. Im Jahre 1973 wurde mit 15,2 % der maximale Wert erreicht. 1980 liegt der Wert bei 11,2 %.

## 4. ENTWICKLUNG DES FINANZBEDARFS FÜR VERKEHRSINVESTITIONEN DARGESTELLT NACH BUNDESLÄNDERN

Neben der Entwicklung des Finanzbedarfs für Verkehrsinvestitionen auf Bundesebene ist die Entwicklung auf Länderebene interessant. Im folgenden soll daher die Entwicklung der Ausgaben der Länder und ihrer Gemeinden im Verkehrs- und Nachrichtenwesen separat nach Aufgabenbereichen analysiert werden. Der Betrachtungszeitraum erstreckt sich auf die Jahre 1970 - 1979. TAB. 46 zeigt die Ausgaben der Länder und Gemeinden in Mill. DM. Die Ausgaben insgesamt stiegen im Untersuchungszeitraum um 61,3 %, die für Straßen einschließlich Verwaltung um 49,6 %. Für die einzelnen Ausgabenbereiche aus der Position Straßen sind die folgenden Steigerungen des Ausgabenvolumens zu verzeichnen: Bundesautobahnen 29,7 %, Bundes- und Landesstraßen 136,6 %, Kreisstraßen 79,7 %, Gemeindestraßen 39,3 %, Verwaltung 7,8 % und Sonstiges 83,8 %. Ferner wuchsen die Ausgaben für Wasserstraßen und Häfen einschließlich Verwaltung um 67,8 % und die für Schienenverkehr um 673,4 %. Die Ausgaben für Luftfahrt sanken hingegen um 0,6 % und die für sonstiges Verkehrs- und Nachrichtenwesen um 60,6 %. Damit zeigen sich der Schienenverkehr und die Bundes- und Landesstraßen als die Ausgabenbereiche mit der höchsten Steigerung des Ausgabenvolumens. Auffällig ist der geringe Zuwachs der Ausgaben für die Verwaltung der Straßen.

In TAB. 47 ist die prozentuale Verteilung der Ausgaben der Länder und Gemeinden im Verkehrs- und Nachrichtenwesen auf die einzelnen Ausgabenbereiche dargestellt. Danach ist der Bereich Straßen einschließlich Verwaltung eindeutig als Ausgabenschwerpunkt identifiziert. Zu Beginn des Untersuchungszeitraums lag der Anteil bei 93,2 %. Er sinkt bis 1979 auf 86,5 % ab. Innerhalb des Bereiches Straßen zeichnen sich die Gemeindestraßen als ausgabenintensivster Bereich aus. Der Anteilswert betrug 1970 56,4 % und 1979 48,7 %.

TAB. 46: AUSGABEN DER LÄNDER UND DER GEMEINDEN/GV. INSGESAMT FÜR DAS VERKEHRS- UND NACHRICHTENWESEN NACH AUFGABENBEREICHEN (in Mill. DM)

| Jahr | Insgesamt | Straßen einschl. Verwaltung | | | | | | | Wasserstr. und Häfen einschl. Verw. | Schienen-verkehr | Luft-fahrt | Sonst. Ver-kehrs-und Nachrichten-wesen |
|---|---|---|---|---|---|---|---|---|---|---|---|---|
| | | Zusammen | Bundes-autobahnen | Bundes-u. Landesstr. | Kreis-straßen | Gemeinde-straßen | Ver-waltung | Sonst. | | | | |
| 1970 | 10.042,5 | 9.364,5 | 71,7 | 1.467,8 | 912,1 | 5.666,1 | 606,1 | 140,6 | 343,8 | 197,4 | 53,9 | 83,0 |
| 1971 | 11.112,3 | 10.232,3 | 67,9 | 1.759,2 | 977,4 | 6.532,1 | 732,6 | 163,2 | 378,2 | 326,9 | 70,0 | 104,9 |
| 1972 | 10.890,4 | 9.896,5 | 73,5 | 1.797,0 | 867,3 | 6.188,4 | 793,2 | 176,3 | 447,8 | 456,5 | 51,3 | 38,3 |
| 1973 | 11.544,5 | 10.467,7 | 92,3 | 1.969,8 | 852,6 | 6.452,4 | 902,4 | 198,2 | 413,3 | 566,9 | 51,0 | 45,7 |
| 1974 | 11.983,3 | 10.762,7 | 93,8 | 2.409,5 | 1.040,2 | 6.501,9 | 604,8 | 112,5 | 499,8 | 624,6 | 43,2 | 53,0 |
| 1975 | 11.900,5 | 10.565,9 | 83,4 | 2.437,4 | 1.101,0 | 6.181,2 | 632,3 | 130,5 | 486,4 | 747,8 | 45,0 | 55,4 |
| 1976 | 11.367,0 | 10.082,5 | 36,6 | 2.506,5 | 885,0 | 5.844,9 | 628,2 | 181,3 | 522,0 | 694,1 | 46,9 | 21,5 |
| 1977 | 12.452,1 | 11.106,7 | 97,3 | 2.873,5 | 963,4 | 6.434,6 | 582,3 | 155,7 | 556,8 | 724,5 | 44,9 | 19,3 |
| 1978 | 14.007,9 | 12.463,8 | 85,4 | 3.120,1 | 1.195,9 | 7.260,2 | 605,2 | 197,1 | 557,7 | 903,5 | 57,9 | 25,0 |
| 1979 | 16.196,2 | 14.006,3 | 93,0 | 3.472,3 | 1.639,0 | 7.890,1 | 653,5 | 258,4 | 576,9 | 1.526,7 | 53,6 | 32,7 |

Quelle: siehe TAB. 1.

TAB. 47: AUSGABEN DER LÄNDER UND DER GEMEINDEN/GV. INSGESAMT FÜR DAS VERKEHRS- UND NACHRICHTENWESEN NACH AUFGABENBEREICHEN (in %)

| Jahr | Insgesamt | Straßen einschl. Verwaltung | | | | | | | Wasserstr. und Häfen einschl. Verw. | Schienen-verkehr | Luft-fahrt | Sonst. Ver-kehrs- und Nachrichten-wesen |
|---|---|---|---|---|---|---|---|---|---|---|---|---|
| | | Zusammen | Bundes-autobahnen | Bundes-u. Landesstr. | Kreis-straßen | Gemeinde-straßen | Ver-waltung | Sonst. | | | | |
| 1970 | 100 | 93,2 | 0,7 | 14,6 | 9,1 | 56,4 | 6,1 | 1,4 | 3,4 | 2,0 | 0,5 | 0,8 |
| 1971 | 100 | 92,1 | 0,6 | 14,9 | 8,8 | 58,8 | 6,6 | 1,5 | 3,4 | 2,9 | 0,6 | 0,9 |
| 1972 | 100 | 90,9 | 0,7 | 16,5 | 8,0 | 56,8 | 7,3 | 1,6 | 4,1 | 4,2 | 0,5 | 0,4 |
| 1973 | 100 | 90,7 | 0,8 | 17,1 | 7,4 | 55,9 | 7,8 | 1,7 | 3,5 | 4,9 | 0,4 | 0,4 |
| 1974 | 100 | 89,8 | 0,8 | 20,1 | 8,7 | 54,3 | 5,0 | 0,9 | 4,2 | 5,2 | 0,4 | 0,4 |
| 1975 | 100 | 88,8 | 0,7 | 20,5 | 9,3 | 51,9 | 5,3 | 1,1 | 4,1 | 6,3 | 0,4 | 0,5 |
| 1976 | 100 | 88,7 | 0,3 | 22,1 | 7,8 | 51,4 | 5,5 | 1,6 | 4,6 | 6,1 | 0,4 | 0,2 |
| 1977 | 100 | 89,2 | 0,8 | 23,1 | 7,7 | 51,6 | 4,7 | 1,3 | 4,5 | 5,8 | 0,4 | 0,2 |
| 1978 | 100 | 89,0 | 0,6 | 22,3 | 8,5 | 51,8 | 4,3 | 1,4 | 4,0 | 6,4 | 0,4 | 0,2 |
| 1979 | 100 | 86,5 | 0,6 | 21,4 | 10,1 | 48,7 | 4,0 | 1,6 | 3,6 | 9,4 | 0,3 | 0,2 |

Quelle: siehe TAB. 1 und eigene Berechnungen.

TAB. 48: AUSGABEN DER LÄNDER UND DER GEMEINDEN/GV. INSGESAMT FÜR DAS VERKEHRS- UND NACHRICHTENWESEN NACH AUFGABENBEREICHEN (DM je Einwohner)

| Jahr | Insgesamt | Straßen einschl. Verwaltung | | | | | | | Wasserstr. und Häfen einschl. Verw. | Schienenverkehr | Luftfahrt | Sonst. Verkehrs- und Nachrichtenwesen |
|---|---|---|---|---|---|---|---|---|---|---|---|---|
| | | Zusammen | Bundesautobahnen | Bundes-u. Landesstr. | Kreisstraßen | Gemeindestraßen | Verwaltung | Sonst. | | | | |
| 1970 | 163,36 | 152,33 | 1,17 | 32,01 | 14,84 | 92,17 | 9,86 | 2,29 | 5,59 | 3,21 | 0,88 | 1,35 |
| 1971 | 181,30 | 166,94 | 1,11 | 28,71 | 15,95 | 106,57 | 11,95 | 2,66 | 6,17 | 5,33 | 1,14 | 1,71 |
| 1972 | 176,58 | 160,47 | 1,19 | 29,15 | 14,06 | 100,34 | 12,86 | 2,86 | 7,26 | 7,40 | 0,83 | 0,62 |
| 1973 | 186,30 | 168,92 | 1,49 | 31,79 | 13,76 | 104,13 | 14,56 | 3,20 | 6,67 | 9,15 | 0,82 | 0,74 |
| 1974 | 193,15 | 173,48 | 1,51 | 38,84 | 16,77 | 104,80 | 9,75 | 1,81 | 8,06 | 10,07 | 0,70 | 0,85 |
| 1975 | 192,46 | 170,88 | 1,35 | 39,42 | 17,81 | 99,97 | 10,23 | 2,11 | 7,87 | 12,09 | 0,73 | 0,90 |
| 1976 | 184,79 | 163,91 | 0,59 | 40,75 | 14,39 | 95,02 | 10,21 | 2,95 | 8,49 | 11,28 | 0,76 | 0,35 |
| 1977 | 202,82 | 180,90 | 1,58 | 46,80 | 15,69 | 104,81 | 9,48 | 2,54 | 9,07 | 11,80 | 0,73 | 0,31 |
| 1978 | 228,48 | 203,29 | 1,39 | 50,89 | 19,51 | 118,42 | 9,87 | 3,21 | 9,10 | 14,74 | 0,94 | 0,41 |
| 1979 | 264,05 | 228,35 | 1,52 | 56,61 | 26,72 | 128,64 | 10.65 | 4,21 | 9,41 | 24,89 | 0,87 | 0,53 |

Quelle: siehe TAB. 1.

TAB. 49: AUSGABEN DER LÄNDER UND DER GEMEINDEN/GV. INSGESAMT FÜR DAS VERKEHRS- UND NACHRICHTENWESEN NACH AUFGABENBEREICHEN (Anteile der Körperschaften in %)

| Jahr | Insgesamt | Straßen einschl. Verwaltung | Wasserstraßen und Häfen einschl. Verw. | Schienenverkehr | Luftfahrt | Sonst. Verkehrs- und Nachrichtenwesen |
|---|---|---|---|---|---|---|
| 1970 | 57,1 | 62,9 | 30,7 | 34,6 | 18,2 | 11,7 |
| 1971 | 56,0 | 62,6 | 29,1 | 36,6 | 19,5 | 11,1 |
| 1972 | 52,3 | 59,5 | 31,2 | 31,4 | 14,3 | 4,4 |
| 1973 | 53,3 | 60,4 | 28,3 | 35,1 | 12,0 | 5,6 |
| 1974 | 52,1 | 60,8 | 25,4 | 33,1 | 8,8 | 5,4 |
| 1975 | 50,3 | 60,2 | 22,0 | 32,0 | 8,9 | 5,3 |
| 1976 | 49,2 | 58,8 | 23,7 | 33,8 | 10,4 | 1,7 |
| 1977 | 51,0 | 61,6 | 23,4 | 32,9 | 9,5 | 1,5 |
| 1978 | 52,0 | 62,2 | 21,2 | 36,6 | 12,4 | 1,9 |
| 1979 | 52,8 | 62,8 | 22,2 | 48,1 | 9,8 | 1,6 |

Quelle: siehe TAB. 1 und eigene Berechnungen.

TAB. 48 verdeutlicht die Verteilung der Ausgabenlast noch einmal anhand der Ausgaben des Verkehrs- und Nachrichtenwesens bezogen auf die Zahl der Einwohner. Die Länder und Gemeinden gaben 1970 für Verkehrs- und Nachrichtenwesen insgesamt 163,36 DM pro Einwohner aus. Bis 1979 stieg dieser Betrag auf 264,05 DM an.

In TAB. 49 ist schließlich der Anteil der Länder und Gemeinden an den Ausgaben im Verkehrs- und Nachrichtenwesen separat nach Ausgabenbereichen dargestellt. Der Anteil der Länder und Gemeinden an den Ausgaben insgesamt betrug 1970 57,1 %. Dieser Wert sank bis 1976 auf 49,2 % und stieg dann bis 1979 wieder auf 52,8 %. Der Anteil der Länder und Gemeinden an den Straßen einschließlich Verwaltung blieb mit 62,9 % im Jahre 1970 und 62,8 % in 1979 relativ konstant. Der geringste Anteilswert wurde 1976 mit 58,8 % erreicht. An den Straßenausgaben besteht die höchste Beteiligungsquote der Länder und Gemeinden. Es folgt 1979 der Schienenverkehr mit 48,1 %, die Wasserstraßen mit 22,2 %, die Luftfahrt mit 9,8 % und das sonstige Verkehrs- und Nachrichtenwesen mit 1,6 %.

Alle Werte in den vorangegangenen vier Tabellen sind Durchschnittswerte über die elf Bundesländer und ihre Gemeinden. Im folgenden wird die Situation für jedes Bundesland analysiert, um zu zeigen, wie sich die Ausgabenlast für das Verkehrs- und Nachrichtenwesen über die Bundesländer verteilt.

a. Schleswig-Holstein

Die Ausgaben des Bundeslandes Schleswig-Holstein und seiner Gemeinden für das Verkehrs- und Nachrichtenwesen sind in TAB. 50 ausgewiesen. Die Ausgaben insgesamt stiegen im Betrachtungszeitraum um 86,4 %, die für Straßen um 79,2 %, die für Wasserstraßen um 138,2 %, die für Schienenverkehr um 755,2 %. Dem hingegen waren die Ausgaben im Luftverkehr 1970 und 1979 gleich, während die für den sonstigen Verkehrs- und Nachrichtenbereich um 76,9 % sanken. Das Land Schleswig-Holstein hat demnach die höchsten Ausgabensteigerungen in den Verkehrsbereichen Wasserstraßen und Schienenverkehr zu verzeichnen. Für Bundesautobahnen sind im Untersuchungszeitraum keine Ausgaben getätigt worden. Die prozentuale Verteilung der Ausgaben auf die einzelnen Aufgabenbereiche zeigt, daß das Land Schleswig-Holstein den größten Teil seiner Ausgaben für Verkehr und Nachrichtenwesen im Bereich Straßen verausgabt. In diesem Bereich nehmen wiederum die Gemeindestraßen eine Vorrangstellung ein (vgl. TAB. 51). Die Verteilung der Ausgabenlast ist anhand der Ausgaben pro Einwohner noch einmal in TAB. 52 veranschaulicht.

TAB. 50: AUSGABEN DES LANDES SCHLESWIG-HOLSTEIN UND DER GEMEINDEN/GV. FÜR DAS VERKEHRS- UND NACHRICHTENWESEN NACH AUFGABENBEREICHEN (in Mill. DM)

| Jahr | Insgesamt | Straßen einschl. Verwaltung: Zusammen | Bundes-autobahnen | Bundes-u. Landesstr. | Kreis-straßen | Gemeinde-straßen | Ver-waltung | Sonst. | Wasserstr. und Häfen einschl.Verw. | Schienen-verkehr | Luft-fahrt | Sonst.Ver-kehrs-und Nachrichten-wesen |
|---|---|---|---|---|---|---|---|---|---|---|---|---|
| 1970 | 338,9 | 320,3 | - | 50,4 | 53,3 | 178,2 | 34,7 | 3,5 | 13,1 | 2,9 | 1,3 | 1,3 |
| 1971 | 371,4 | 351,9 | - | 43,4 | 69,1 | 192,2 | 42,6 | 4,5 | 15,5 | 0,2 | 1,5 | 2,3 |
| 1972 | 362,7 | 338,6 | - | 48,6 | 60,0 | 182,1 | 43,2 | 4,8 | 19,4 | 0,8 | 1,9 | 2,0 |
| 1973 | 415,6 | 384,9 | - | 58,7 | 59,3 | 211,2 | 50,2 | 5,4 | 18,0 | 5,5 | 3,3 | 3,9 |
| 1974 | 407,6 | 375,9 | - | 63,0 | 74,9 | 185,8 | 53,4 | +1,2 | 20,4 | 9,7 | 1,4 | 0,3 |
| 1975 | 444,8 | 409,1 | - | 66,4 | 80,6 | 209,0 | 48,1 | 5,1 | 18,5 | 15,9 | 1,1 | 0,3 |
| 1976 | 404,8 | 371,8 | - | 71,8 | 46,8 | 192,6 | 51,4 | 9,1 | 23,6 | 7,9 | 1,2 | 0,3 |
| 1977 | 442,3 | 407,8 | - | 82,5 | 55,0 | 207,9 | 54,8 | 7,5 | 23,8 | 9,2 | 1,2 | 0,3 |
| 1978 | 510,7 | 467,5 | - | 93,1 | 73,7 | 238,7 | 57,6 | 4,5 | 23,9 | 17,8 | 1,3 | 0,3 |
| 1979 | 631,6 | 574,0 | - | 113,2 | 92,3 | 299,5 | 61,1 | 7,9 | 31,2 | 24,8 | 1,3 | 0,3 |

Quelle: siehe TAB. 1.

TAB. 51: AUSGABEN DES LANDES SCHLESWIG-HOLSTEIN UND DER GEMEINDEN/GV. FÜR DAS VERKEHRS- UND NACHRICHTENWESEN NACH AUFGABENBEREICHEN (in %)

| Jahr | Insgesamt | Straßen einschl. Verwaltung: Zusammen | Bundes-autobahnen | Bundes-u. Landesstr. | Kreis-straßen | Gemeinde-straßen | Ver-waltung | Sonst. | Wasserstr. und Häfen einschl.Verw. | Schienen-verkehr | Luft-fahrt | Sonst.Ver-kehrs- und Nachrichten-wesen |
|---|---|---|---|---|---|---|---|---|---|---|---|---|
| 1970 | 100 | 94,5 | - | 14,9 | 15,7 | 52,6 | 10,2 | 1,0 | 3,9 | 0,9 | 0,4 | 0,4 |
| 1971 | 100 | 94,7 | - | 11,7 | 18,6 | 51,7 | 11,5 | 1,2 | 4,2 | 0,1 | 0,4 | 0,6 |
| 1972 | 100 | 93,4 | - | 13,4 | 16,5 | 50,2 | 11,9 | 1,3 | 5,3 | 0,2 | 0,5 | 0,6 |
| 1973 | 100 | 92,6 | - | 14,1 | 14,3 | 50,3 | 12,1 | 1,3 | 4,3 | 1,3 | 0,8 | 0,9 |
| 1974 | 100 | 92,2 | - | 15,5 | 18,4 | 45,6 | 13,1 | 0,3 | 5,0 | 2,4 | 0,3 | 0,1 |
| 1975 | 100 | 92,0 | - | 14,9 | 18,1 | 47,0 | 10,8 | 1,1 | 4,2 | 3,6 | 0,2 | 0,1 |
| 1976 | 100 | 91,8 | - | 17,7 | 11,6 | 47,6 | 12,7 | 2,2 | 5,8 | 2,0 | 0,3 | 0,1 |
| 1977 | 100 | 92,2 | - | 18,7 | 12,4 | 47,0 | 12,4 | 1,7 | 5,4 | 2,1 | 0,3 | 0,1 |
| 1978 | 100 | 91,5 | - | 18,2 | 14,4 | 46,7 | 11,3 | 0,9 | 4,7 | 3,5 | 0,3 | 0,1 |
| 1979 | 100 | 90,1 | - | 17,9 | 14,6 | 47,4 | 9,7 | 1,3 | 4,9 | 3,9 | 0,2 | 0,1 |

Quelle: siehe TAB. 1 und eigene Berechnungen.

TAB. 52: AUSGABEN DES LANDES SCHLESWIG-HOLSTEIN UND DER GEMEINDEN/GV. FÜR DAS VERKEHRS- UND NACHRICHTENWESEN NACH AUFGABENBEREICHEN (DM je Einwohner)

| Jahr | Insgesamt | Straßen einschl. Verwaltung: Zusammen | Bundesautobahnen | Bundes-u. Landesstr. | Kreisstraßen | Gemeindestraßen | Verwaltung | Sonst. | Wasserstr. und Häfen einschl.Verw. | Schienenverkehr | Luftfahrt | Sonst.Verkehrs- und Nachrichtenwesen |
|---|---|---|---|---|---|---|---|---|---|---|---|---|
| 1970 | 131,91 | 124,68 | - | 19,62 | 20,75 | 69,36 | 13,51 | 1,36 | 5,10 | 1,13 | 0,51 | 0,51 |
| 1971 | 146,76 | 139,05 | - | 17,19 | 27,30 | 75,95 | 16,83 | 1,78 | 6,12 | 0,08 | 0,59 | 0,91 |
| 1972 | 141,96 | 132,53 | - | 24,50 | 23,48 | 71,27 | 16,91 | 1,88 | 7,59 | 0,31 | 0,74 | 0,78 |
| 1973 | 161,47 | 149,55 | - | 22,81 | 23,04 | 82,06 | 19,50 | 2,10 | 6,99 | 2,14 | 1,28 | 1,52 |
| 1974 | 157,87 | 145,57 | - | 24,40 | 29,00 | 71,95 | 20,68 | +0,46 | 7,90 | 3,76 | 0,54 | 0,12 |
| 1975 | 172,14 | 158,32 | - | 25,70 | 31,19 | 80,88 | 18,62 | 1,97 | 7,16 | 6,15 | 0,43 | 0,12 |
| 1976 | 156,70 | 143,93 | - | 27,79 | 18,12 | 74,56 | 19,90 | 3,52 | 9,14 | 3,06 | 0,46 | 0,12 |
| 1977 | 170,99 | 157,65 | - | 31,89 | 21,26 | 80,37 | 21,18 | 2,90 | 9,20 | 3,56 | 0,46 | 0,12 |
| 1978 | 197,23 | 180,54 | - | 35,95 | 28,46 | 92,18 | 22,24 | 1,74 | 9,23 | 6,87 | 0,50 | 0,12 |
| 1979 | 243,47 | 221,27 | - | 43,64 | 35,58 | 115,45 | 23,55 | 3,05 | 12,03 | 9,56 | 0,50 | 0,12 |

Quelle: siehe TAB. 1.

TAB. 53: AUSGABEN DES LANDES SCHLESWIG-HOLSTEIN UND DER GEMEINDEN/GV. FÜR DAS VERKEHRS- UND NACHRICHTENWESEN NACH AUFGABENBEREICHEN (Anteile der Aufgabenbereiche in %)

| Jahr | Insgesamt | Zusammen | Wasserstraßen und Häfen einschl. Verw. | Schienenverkehr | Luftfahrt | Sonst. Verkehrs- und Nachrichtenwesen |
|---|---|---|---|---|---|---|
| 1970 | 1,9 | 2,2 | 1,2 | 0,5 | 0,4 | 0,2 |
| 1971 | 1,8 | 2,2 | 1,2 | 0,0 | 0,4 | 0,2 |
| 1972 | 1,7 | 2,0 | 1,3 | 0,1 | 0,4 | 0,2 |
| 1973 | 1,9 | 2,2 | 1,2 | 0,3 | 0,8 | 0,5 |
| 1974[1)] | 1,8 | 2,0 | 1,0 | 0,5 | 0,3 | 0,0 |
| 1975 | 1,9 | 2,3 | 0,8 | 0,7 | 0,2 | 0,0 |
| 1976 | 1,8 | 2,3 | 1,1 | 0,4 | 0,2 | 0,0 |
| 1977 | 1,8 | 2,2 | 1,0 | 0,4 | 0,2 | 0,0 |
| 1978 | 1,9 | 2,3 | 0,9 | 0,7 | 0,3 | 0,0 |
| 1979 | 2,1 | 2,6 | 1,2 | 0,8 | 0,2 | 0,0 |

Quelle: siehe TAB. 1 und eigene Berechnungen.

Zudem zeigt die TAB. 52 im Vergleich mit TAB. 48, daß das Land Schleswig-Holstein in fast allen Ausgabenbereichen unter dem Bundesdurchschnitt liegt. Lediglich für Kreisstraßen und Straßenverwaltung verausgabt Schleswig-Holstein Beträge, die über dem Bundesdurchschnitt einzustufen sind.

Die prozentualen Anteile des Landes Schleswig-Holstein und seiner Gemeinden an den einzelnen Aufgabenbereichen über alle Bundesländer und ihre Gemeinden sind in TAB. 53 ausgewiesen. Der Anteil an den Ausgaben insgesamt betrug 1970 1,9 % und 1979 2,1 %. Für Straßen lag der Wert 1970 bei 2,2 % und 1979 bei 2,6 %. Die entsprechenden Werte für den Bereich Wasserstraßen lauten 1,2 % und 1,2 %, die für Schienenverkehr 0,5 % und 0,8 %, die für Luftfahrt 0,4 % und 0,2 % sowie die für den sonstigen Verkehrs- und Nachrichtenbereich 0,2 % und weniger als 0,0 %. Damit liegt Schleswig-Holstein bei allen Ausgabenbereichen weit unter einem fiktiven Durchschnittsanteil, der bei Berücksichtigung von elf Bundesländern mit $9{,}0\bar{9}$... % realisiert würde.

b. Niedersachsen

Die Ausgaben des Landes Niedersachsen und seiner Gemeinden für das Verkehrs- und Nachrichtenwesen sind in TAB. 54 nach Aufgabenbereichen dargestellt. Die größten Steigerungen im Ausgabenvolumen sind in den Bereichen Schienenverkehr (1.966,6 % von 1970 - 1979) und Bundesautobahnen (183,1 %) zu verzeichnen. Die Ausgaben für Luftfahrt (- 89,8 %) und sonstiges Verkehrs- und Nachrichtenwesen (- 96,1 %) sind hingegen deutlich gesunken. Aus den in TAB. 55 ausgewiesenen prozentualen Anteilswerten der einzelnen Aufgabenbereiche an den gesamten Ausgaben des Landes Niedersachsen und seiner Gemeinden für das Verkehrs- und Nachrichtenwesen geht hervor, daß der Ausgabenschwerpunkt auch in diesem Bundesland die Straßen und hier wiederum die Gemeindestraßen sind. Die geringsten Anteile kommen der Luftfahrt, dem sonstigen Verkehrs- und Nachrichtenwesen und den Bundesautobahnen zu. Die Verteilung des gesamten Ausgabenvolumens auf die einzelnen Verkehrsbereiche wird in TAB. 56 anhand der Ausgaben pro Einwohner noch einmal verdeutlicht. Der Vergleich mit TAB. 48 zeigt zudem, daß das Land Niedersachsen und seine Gemeinden im Jahr 1979 mit den Pro-Einwohner-Ausgaben bis auf die Bereiche Bundesautobahnen, Sonstiges und Wasserstraßen unter dem Bundesdurchschnitt lagen. Auch die Anteile an den Ausgaben aller Bundesländer und ihrer Gemeinden erreichen bei keinem Verkehrsbereich den fiktiven Durchschnittswert (vgl. TAB. 57).

TAB. 54: AUSGABEN DES LANDES NIEDERSACHSEN UND DER GEMEINDEN/GV. FÜR DAS VERKEHRS- UND NACHRICHTENWESEN NACH AUFGABENBEREICHEN (in Mill. DM)

| Jahr | Insgesamt | Straßen einschl. Verwaltung: Zusammen | Bundes-autobahnen | Bundes-u. Landesstr. | Kreis-straßen | Gemeinde-straßen | Ver-waltung | Sonst. | Wasserstr. und Häfen einschl. Verw. | Schienen-verkehr | Luft-fahrt | Sonst. Verkehrs- und Nachrichten-wesen |
|---|---|---|---|---|---|---|---|---|---|---|---|---|
| 1970 | 1.021,3 | 926,4 | 5,9 | 144,0 | 210,7 | 504,4 | 40,4 | 21,0 | 80,3 | 3,6 | 5,9 | 5,1 |
| 1971 | 1.195,7 | 1.064,9 | 6,0 | 117,3 | 237,5 | 633,3 | 46,8 | 24,1 | 109,3 | 4,7 | 15,6 | 1,2 |
| 1972 | 1.134,7 | 1.005,6 | 6,9 | 106,8 | 211,4 | 606,0 | 52,0 | 22,5 | 109,2 | 7,3 | 11,6 | 1,0 |
| 1973 | 1.218,4 | 1.072,5 | 9,5 | 160,2 | 226,9 | 594,2 | 61,6 | 20,2 | 104,0 | 27,9 | 11,0 | 2,9 |
| 1974 | 1.325,7 | 1.165,4 | 10,5 | 253,3 | 269,6 | 565,9 | 54,4 | 12,3 | 128,5 | 26,7 | 5,1 | 0,0 |
| 1975 | 1.270,8 | 1.123,9 | 10,9 | 241,3 | 273,7 | 525,5 | 59,5 | 12,9 | 111,2 | 30,8 | 5,0 | 0,0 |
| 1976 | 1.265,6 | 1.067,3 | 12,2 | 228,7 | 264,5 | 489,5 | 59,3 | 13,2 | 125,8 | 70,7 | 1,8 | 0,0 |
| 1977 | 1.481,9 | 1.303,0 | 13,9 | 255,6 | 313,1 | 645,6 | 60,5 | 14,3 | 142,7 | 35,4 | 0,7 | 0,0 |
| 1978 | 1.537,3 | 1.325,5 | 15,9 | 269,6 | 334,4 | 622,9 | 62,2 | 20,5 | 138,5 | 72,2 | 1,1 | 0,0 |
| 1979 | 1.768,4 | 1.553,4 | 16,7 | 317,2 | 400,1 | 721,0 | 67,2 | 31,1 | 140,0 | 74,4 | 0,6 | 0,2 |

Quelle: siehe TAB. 1.

TAB. 55: AUSGABEN DES LANDES NIEDERSACHSEN UND DER GEMEINDEN/GV. FÜR DAS VERKEHRS- UND NACHRICHTENWESEN NACH AUFGABENBEREICHEN (in %)

| Jahr | Insgesamt | Straßen einschl. Verwaltung: Zusammen | Bundes-autobahnen | Bundes-u. Landesstr. | Kreis-straßen | Gemeinde-straßen | Ver-waltung | Sonst. | Wasserstr. und Häfen einschl. Verw. | Schienen-verkehr | Luft-fahrt | Sonst. Verkehrs- und Nachrichten-wesen |
|---|---|---|---|---|---|---|---|---|---|---|---|---|
| 1970 | 100 | 90,7 | 0,6 | 14,1 | 20,6 | 49,4 | 4,0 | 2,1 | 7,9 | 0,4 | 0,6 | 0,5 |
| 1971 | 100 | 89,1 | 0,5 | 9,2 | 19,9 | 53,0 | 3,9 | 2,0 | 9,1 | 0,4 | 1,3 | 0,1 |
| 1972 | 100 | 88,6 | 0,6 | 9,4 | 18,6 | 53,4 | 4,6 | 2,0 | 9,6 | 0,6 | 1,0 | 0,1 |
| 1973 | 100 | 88,0 | 0,8 | 13,1 | 18,6 | 48,8 | 5,1 | 1,7 | 8,5 | 2,3 | 0,9 | 0,2 |
| 1974 | 100 | 87,9 | 0,8 | 19,1 | 20,3 | 42,7 | 4,1 | 0,9 | 9,7 | 2,0 | 0,4 | 0,0 |
| 1975 | 100 | 88,4 | 0,9 | 19,0 | 21,5 | 41,4 | 4,7 | 1,0 | 8,8 | 2,4 | 0,4 | 0,0 |
| 1976 | 100 | 84,3 | 1,0 | 18,1 | 20,9 | 38,7 | 4,7 | 1,0 | 9,9 | 5,6 | 0,1 | 0,0 |
| 1977 | 100 | 87,9 | 0,9 | 17,2 | 21,1 | 43,6 | 4,1 | 1,0 | 9,6 | 2,4 | 0,0 | 0,0 |
| 1978 | 100 | 86,2 | 1,0 | 17,5 | 21,8 | 40,5 | 4,0 | 1,3 | 9,0 | 4,7 | 0,1 | 0,0 |
| 1979 | 100 | 87,8 | 0,9 | 17,9 | 22,6 | 40,8 | 3,8 | 1,8 | 7,9 | 4,2 | 0,0 | 0,0 |

Quelle: siehe TAB. 1 und eigene Berechnungen.

TAB. 56: AUSGABEN DES LANDES NIEDERSACHSEN UND DER GEMEINDEN/GV. FÜR DAS VERKEHRS- UND NACHRICHTENWESEN NACH AUFGABENBEREICHEN (DM je Einwohner)

| Jahr | Insgesamt | Straßen einschl. Verwaltung | | | | | | | Wasserstr. und Häfen einschl. Verw. | Schienenverkehr | Luftfahrt | Sonst. Verkehrs- und Nachrichtenwesen |
|---|---|---|---|---|---|---|---|---|---|---|---|---|
| | | Zusammen | Bundesautobahnen | Bundes- u. Landesstr. | Kreisstraßen | Gemeindestraßen | Verwaltung | Sonst. | | | | |
| 1970 | 143,34 | 130,02 | 0,83 | 20,21 | 29,57 | 70,79 | 5,67 | 2,95 | 11,27 | 0,51 | 0,83 | 0,72 |
| 1971 | 167,08 | 148,80 | 0,84 | 16,39 | 33,19 | 88,49 | 6,54 | 3,37 | 15,27 | 0,66 | 2,18 | 0,17 |
| 1972 | 157,60 | 139,67 | 0,96 | 14,84 | 29,36 | 84,17 | 7,22 | 3,13 | 15,17 | 1,01 | 1,61 | 0,14 |
| 1973 | 168,36 | 148,20 | 1,31 | 22,14 | 31,35 | 82,11 | 8,51 | 2,79 | 14,37 | 3,86 | 1,52 | 0,40 |
| 1974 | 182,55 | 160,47 | 1,45 | 34,88 | 37,04 | 77,92 | 7,49 | 1,69 | 17,69 | 3,68 | 0,70 | 0,00 |
| 1975 | 175,24 | 154,98 | 1,50 | 33,27 | 37,74 | 72,46 | 8,20 | 1,78 | 15,33 | 4,25 | 0,69 | 0,00 |
| 1976 | 175,07 | 147,64 | 1,69 | 31,64 | 36,59 | 67,71 | 8,20 | 1,83 | 17,40 | 9,78 | 0,25 | 0,00 |
| 1977 | 205,09 | 180,33 | 1,92 | 35,37 | 43,33 | 89,35 | 8,37 | 1,98 | 19,75 | 4,90 | 0,10 | 0,00 |
| 1978 | 212,75 | 183,44 | 2,20 | 37,31 | 46,28 | 86,21 | 8,61 | 2,84 | 19,17 | 9,99 | 0,15 | 0,00 |
| 1979 | 244,74 | 214,99 | 2,31 | 43,90 | 55,37 | 99,79 | 9,30 | 4,30 | 19,38 | 10,30 | 0,08 | 0,03 |

Quelle: siehe TAB. 1.

TAB. 57: AUSGABEN DES LANDES NIEDERSACHSEN UND DER GEMEINDEN/GV. FÜR DAS VERKEHRS- UND NACHRICHTENWESEN NACH AUFGABENBEREICHEN (Anteile der Körperschaften in %)

| Jahr | Insgesamt | Straßen einschl. Verwaltung | Wasserstraßen und Häfen einschl. Verw. | Schienenverkehr | Luftfahrt | Sonst. Verkehrs- und Nachrichtenwesen |
|---|---|---|---|---|---|---|
| 1970 | 5,8 | 6,2 | 7,2 | 0,6 | 2,0 | 0,7 |
| 1971 | 6,0 | 6,5 | 8,4 | 0,5 | 4,3 | 0,1 |
| 1972 | 5,5 | 6,0 | 7,6 | 0,5 | 2,7 | 0,1 |
| 1973 | 5,6 | 6,2 | 7,1 | 1,7 | 2,6 | 0,4 |
| 1974 | 5,8 | 6,6 | 6,5 | 1,4 | 1,0 | 0,0 |
| 1975 | 5,4 | 6,4 | 5,0 | 1,3 | 1,0 | 0,0 |
| 1976 | 5,5 | 6,2 | 5,7 | 3,4 | 0,4 | 0,0 |
| 1977 | 6,1 | 7,2 | 6,0 | 1,6 | 0,1 | 0,0 |
| 1978 | 5,7 | 6,6 | 5,3 | 2,9 | 0,2 | 0,0 |
| 1979 | 5,8 | 7,0 | 5,4 | 2,3 | 0,1 | 0,0 |

Quelle: siehe TAB. 1 und eigene Berechnungen.

c. Nordrhein-Westfalen

Die Ausgaben des Landes Nordrhein-Westfalen und seiner Gemeinden für das Verkehrs- und Nachrichtenwesen können aus TAB. 58 entnommen werden. Die stärksten Ausgabensteigerungen erfolgten in den Bereichen Schienenverkehr (1.377,5 % von 1970 - 1979) und Sonstiges (168,8 %). In den Bereichen Luftfahrt (- 62,6 %) und sonstiges Verkehrs- und Nachrichtenwesen (- 71,3 %) ist genau wie in den bisher behandelten Bundesländern ein Rückgang des Ausgabenvolumens zu vermerken. Auffällig ist zudem die Senkung der Verwaltungsausgaben im Bereich Straße (- 99,6 %). Für Bundesautobahnen sind im gesamten Untersuchungszeitraum keine Ausgaben getätigt worden. Die in TAB. 59 ausgewiesenen prozentualen Anteilswerte der einzelnen Verkehrsbereiche an den Gesamtausgaben in diesem Bereich verdeutlichen, daß der Ausgabenschwerpunkt auch in diesem Bundesland die Straßen und innerhalb dieses Bereiches die Gemeindestraßen darstellen. Die Verteilung der Ausgaben auf die einzelnen Bereiche zeigt auch die TAB. 60 anhand der Ausgaben pro Einwohner. Diese Werte liegen für das Jahr 1979 in der Regel unterhalb des Bundesdurchschnitts. Oberdurchschnittliche Ausgaben pro Einwohner tätigten das Land Nordrhein-Westfalen und seine Gemeinden nur in den Bereichen Bundes- und Landesstraßen, Sonstiges und Schienenverkehr. Die Anteile an den Ausgaben aller Bundesländer und ihrer Gemeinden für die einzelnen Bereiche lagen 1979 bei den Ausgaben insgesamt, den Straßen und dem Schienenverkehr deutlich über dem Durchschnitt (vgl. TAB. 61).

d. Hessen

In TAB. 62 sind die Ausgaben des Landes Hessen und seiner Gemeinden für Verkehrs- und Nachrichtenwesen separat nach Aufgabenbereichen dargestellt. Die Bereiche Luftfahrt (10.100 %), Wasserstraßen (600 %) und Schienenverkehr (235,6 %) verzeichnen im Untersuchungszeitraum 1970 - 1979 die höchsten Steigerungen in der Ausgabentätigkeit. Eine rückläufige Entwicklung der Ausgaben besteht in den Bereichen Verwaltung und sonstiges Verkehrs- und Nachrichtenwesen. Seit 1975 weist die Statistik Ausgaben für Bundesautobahnen aus. Die prozentualen Anteilswerte der einzelnen Aufgabenbereiche sind aus TAB. 63 zu ersehen. Danach erweist sich wiederum der Bereich Straßen und innerhalb dieses Bereiches die Position Gemeindestraßen als Ausgabenschwerpunkt. Dies wird auch durch die Pro-Einwohner-Ausgaben bestätigt (vgl. TAB. 64). Aus TAB. 64 geht ferner hervor, daß Hessen und seine Gemeinden 1979 in den Bereichen Bundesautobahnen, Bundes- und Landesstraßen, Verwaltung, Schienenverkehr

TAB. 58: AUSGABEN DES LANDES NORDRHEIN-WESTFALEN UND DER GEMEINDEN/GV. FÜR DAS VERKEHRS- UND NACHRICHTENWESEN NACH AUFGABENBEREICHEN (in Mill. DM)

| Jahr | Insgesamt | Straßen einschl. Verwaltung | | | | | | | Wasserstr. und Häfen einschl. Verw. | Schienen-verkehr | Luft-fahrt | Sonst. Ver-kehrs- und Nachrichten-wesen |
|---|---|---|---|---|---|---|---|---|---|---|---|---|
| | | Zusammen | Bundes-autobahnen | Bundes-u. Landesstr. | Kreis-straßen | Gemeinde-straßen | Ver-waltung | Sonst. | | | | |
| 1970 | 2.751,8 | 2.638,4 | - | 659,8 | 174,4 | 1.606,9 | 164,3 | 33,0 | 20,9 | 45,3 | 38,5 | 8,7 |
| 1971 | 2.894,4 | 2.742,1 | - | 545,5 | 182,2 | 1.813,6 | 165,7 | 35,2 | 21,7 | 71,5 | 50,2 | 8,8 |
| 1972 | 2.833,5 | 2.514,4 | - | 554,7 | 161,6 | 1.570,4 | 185,3 | 42,2 | 20,4 | 255,8 | 34,1 | 8,9 |
| 1973 | 3.129,6 | 2.693,6 | - | 630,1 | 154,4 | 1.668,7 | 195,5 | 44,8 | 29,6 | 369,3 | 29,5 | 7,6 |
| 1974 | 2.833,9 | 2.370,9 | - | 702,2 | 190,2 | 1.444,2 | 0,3 | 34,1 | 43,3 | 463,8 | 13,8 | 2,0 |
| 1975 | 2.939,3 | 2.481,3 | - | 746,0 | 198,3 | 1.496,5 | 0,5 | 40,0 | 43,2 | 399,4 | 13,4 | 2,0 |
| 1976 | 2.806,7 | 2.331,0 | - | 800,8 | 33,8 | 1.437,6 | 0,8 | 58,0 | 47,8 | 411,1 | 15,3 | 1,5 |
| 1977 | 2.965,7 | 2.482,8 | - | 916,6 | 37,1 | 1.492,3 | 0,7 | 36,2 | 54,0 | 411,3 | 15,5 | 2,1 |
| 1978 | 3.386,3 | 2.948,3 | - | 984,2 | 71,6 | 1.830,9 | 0,6 | 60,9 | 38,5 | 380,5 | 15,6 | 3,4 |
| 1979 | 4.034,6 | 3.308,6 | - | 1.077,4 | 272,9 | 1.868,9 | 0,7 | 88,7 | 39,8 | 669,3 | 14,4 | 2,5 |

Quelle: siehe TAB. 1.

TAB. 59: AUSGABEN DES LANDES NORDRHEIN-WESTFALEN UND DER GEMEINDEN/GV. FÜR DAS VERKEHRS- UND NACHRICHTENWESEN NACH AUFGABENBEREICHEN (in %)

| Jahr | Insgesamt | Straßen einschl. Verwaltung | | | | | | | Wasserstr. und Häfen einschl. Verw. | Schienen-verkehr | Luft-fahrt | Sonst. Ver-kehrs- und Nachrichten-wesen |
|---|---|---|---|---|---|---|---|---|---|---|---|---|
| | | Zusammen | Bundes-autobahnen | Bundes-u. Landesstr. | Kreis-straßen | Gemeinde-straßen | Ver-waltung | Sonst. | | | | |
| 1970 | 100 | 95,9 | - | 24,0 | 6,3 | 58,4 | 6,0 | 1,2 | 0,8 | 1,6 | 1,4 | 0,3 |
| 1971 | 100 | 94,7 | - | 18,8 | 6,3 | 62,6 | 5,7 | 1,2 | 0,7 | 2,5 | 1,7 | 0,3 |
| 1972 | 100 | 88,7 | - | 19,6 | 5,7 | 55,4 | 6,5 | 1,5 | 0,7 | 9,0 | 1,2 | 0,3 |
| 1973 | 100 | 86,1 | - | 20,1 | 4,9 | 53,3 | 6,2 | 1,4 | 0,9 | 11,8 | 0,9 | 0,2 |
| 1974 | 100 | 83,7 | - | 24,8 | 6,7 | 51,0 | 0,0 | 1,2 | 1,5 | 14,2 | 0,5 | 0,1 |
| 1975 | 100 | 84,4 | - | 25,4 | 6,7 | 50,9 | 0,0 | 1,4 | 1,5 | 13,6 | 0,5 | 0,1 |
| 1976 | 100 | 83,1 | - | 28,5 | 1,2 | 51,6 | 0,0 | 2,1 | 1,7 | 14,6 | 0,5 | 0,1 |
| 1977 | 100 | 83,7 | - | 30,9 | 1,3 | 50,3 | 0,0 | 1,2 | 1,8 | 13,9 | 0,5 | 0,1 |
| 1978 | 100 | 87,1 | - | 29,1 | 2,1 | 54,1 | 0,0 | 1,8 | 1,1 | 11,2 | 0,5 | 0,1 |
| 1979 | 100 | 82,0 | - | 26,7 | 6,8 | 46,3 | 0,0 | 2,2 | 1,0 | 16,6 | 0,4 | 0,1 |

Quelle: siehe TAB. 1 und eigene Berechnungen.

TAB. 60: AUSGABEN DES LANDES NORDRHEIN-WESTFALEN UND DER GEMEINDEN/GV. FÜR DAS VERKEHRS- UND NACHRICHTENWESEN NACH AUFGABENBEREICHEN (DM je Einwohner)

| Jahr | Insgesamt | Straßen einschl. Verwaltung | | | | | | | Wasserstr. und Häfen einschl. Verw. | Schienen-verkehr | Luft-fahrt | Sonst. Ver-kehrs- und Nachrichten-wesen |
|---|---|---|---|---|---|---|---|---|---|---|---|---|
| | | Zusammen | Bundes-autobahnen | Bundes-u. Landesstr. | Kreis-straßen | Gemeinde-straßen | Ver-waltung | Sonst. | | | | |
| 1970 | 159,92 | 153,33 | - | 38,35 | 10,14 | 93,39 | 9,55 | 1,92 | 1,21 | 2,63 | 2,24 | 0,51 |
| 1971 | 169,55 | 160,63 | - | 31,95 | 10,67 | 106,24 | 9,71 | 2,06 | 1,27 | 4,19 | 2,94 | 0,52 |
| 1972 | 165,12 | 146,52 | - | 32,33 | 9,42 | 91,51 | 10,80 | 2,46 | 1,19 | 14,91 | 1,99 | 0,52 |
| 1973 | 181,78 | 156,46 | - | 36,60 | 8,97 | 96,93 | 11,36 | 2,60 | 1,72 | 21,45 | 1,71 | 0,44 |
| 1974 | 164,52 | 137,64 | - | 40,77 | 11,04 | 83,84 | 0,02 | 1,98 | 2,51 | 23,44 | 0,80 | 0,12 |
| 1975 | 171,11 | 144,45 | - | 43,43 | 11,54 | 87,12 | 0,03 | 2,33 | 2,51 | 23,25 | 0,78 | 0,12 |
| 1976 | 164,23 | 136,39 | - | 46,86 | 1,98 | 84,12 | 0,05 | 3,39 | 2,80 | 24,05 | 0,90 | 0,09 |
| 1977 | 173,95 | 145,62 | - | 53,76 | 2,18 | 87,53 | 0,04 | 2,12 | 3,17 | 24,12 | 0,91 | 0,12 |
| 1978 | 199,07 | 173,33 | - | 57,86 | 4,21 | 107,64 | 0,04 | 3,58 | 2,26 | 22,37 | 0,92 | 0,20 |
| 1979 | 237,42 | 194,70 | - | 63,40 | 16,06 | 109,98 | 0,04 | 5,22 | 2,34 | 39,39 | 0,85 | 0,15 |

Quelle: siehe TAB. 1.

TAB. 61: AUSGABEN DES LANDES NORDRHEIN-WESTFALEN UND DER GEMEINDEN/GV. FÜR DAS VERKEHRS- UND NACHRICHTENWESEN NACH AUFGABENBEREICHEN (Anteile der Körperschaften in %)

| Jahr | Insgesamt | Straßen einschl. Verwaltung | Wasserstraßen und Häfen einschl. Verw. | Schienen-verkehr | Luftfahrt | Sonst. Verkehrs- und Nachrichten-wesen |
|---|---|---|---|---|---|---|
| 1970 | 15,6 | 17,7 | 1,9 | 7,9 | 13,0 | 1,2 |
| 1971 | 14,6 | 16,8 | 1,7 | 8,0 | 14,0 | 0,9 |
| 1972 | 13,6 | 15,1 | 1,4 | 17,6 | 8,0 | 1,0 |
| 1973 | 14,5 | 15,5 | 2,0 | 25,4 | 6,9 | 0,9 |
| 1974 | 12,3 | 13,4 | 2,2 | 21,4 | 2,8 | 0,2 |
| 1975 | 12,4 | 14,1 | 2,0 | 17,1 | 2,7 | 0,2 |
| 1976 | 12,2 | 13,6 | 2,2 | 20,0 | 3,4 | 0,1 |
| 1977 | 12,1 | 13,8 | 2,3 | 18,7 | 3,3 | 0,2 |
| 1978 | 12,6 | 14,7 | 1,5 | 15,4 | 3,3 | 0,3 |
| 1979 | 13,1 | 14,8 | 1,5 | 21,1 | 2,6 | 0,1 |

Quelle: siehe TAB. 1.

TAB. 62: AUSGABEN DES LANDES HESSEN UND DER GEMEINDEN/GV. FÜR DAS VERKEHRS- UND NACHRICHTENWESEN NACH AUFGABENBEREICHEN (in Mill. DM)

| Jahr | Insgesamt | Straßen einschl. Verwaltung | | | | | | | Wasserstr. und Häfen einschl. Verw. | Schienen-verkehr | Luft-fahrt | Sonst. Verkehrs- und Nachrichtenwesen |
|---|---|---|---|---|---|---|---|---|---|---|---|---|
| | | Zusammen | Bundes-autobahnen | Bundes-u. Landesstr. | Kreis-straßen | Gemeinde-straßen | Ver-waltung | Sonst. | | | | |
| 1970 | 917,8 | 863,1 | - | 217,0 | 67,7 | 472,4 | 95,4 | 10,6 | 0,4 | 53,9 | 0,2 | 0,2 |
| 1971 | 1.072,7 | 960,1 | - | 123,1 | 67,1 | 597,1 | 159,0 | 13,8 | 2,0 | 108,1 | 0,7 | 1,8 |
| 1972 | 1.051,4 | 993,4 | - | 156,8 | 40,5 | 609,1 | 170,3 | 16,7 | 0,7 | 53,5 | 0,3 | 3,6 |
| 1973 | 1.070,7 | 1.020,5 | - | 158,2 | 44,8 | 600,5 | 196,9 | 20,1 | 0,3 | 46,1 | 0,8 | 3,0 |
| 1974 | 1.185,1 | 1.116,7 | - | 287,9 | 92,5 | 594,2 | 126,3 | 15,9 | 0,9 | 56,3 | 10,3 | 0,8 |
| 1975 | 1.101,3 | 987,9 | 0,0 | 256,4 | 89,8 | 489,5 | 132,9 | 19,3 | 1,3 | 100,2 | 10,2 | 1,7 |
| 1976 | 1.040,0 | 953,3 | 0,0 | 219,5 | 86,0 | 489,9 | 138,5 | 19,5 | 1,5 | 74,8 | 10,4 | - |
| 1977 | 1.108,5 | 992,6 | 37,7 | 273,5 | 91,1 | 498,0 | 71,3 | 21,0 | 1,9 | 102,6 | 11,4 | - |
| 1978 | 1.210,6 | 1.088,1 | 33,2 | 316,7 | 96,5 | 543,9 | 73,7 | 24,0 | 1,5 | 101,2 | 19,7 | - |
| 1979 | 1.359,9 | 1.155,8 | 27,5 | 352,8 | 103,8 | 571,1 | 78,3 | 22,4 | 2,8 | 180,9 | 20,4 | - |

Quelle: siehe TAB. 1.

TAB. 63: AUSGABEN DES LANDES HESSEN UND DER GEMEINDEN/GV. FÜR DAS VERKEHRS- UND NACHRICHTENWESEN NACH AUFGABENBEREICHEN (in %)

| Jahr | Insgesamt | Straßen einschl. Verwaltung | | | | | | | Wasserstr. und Häfen einschl. Verw. | Schienen-verkehr | Luft-fahrt | Sonst. Verkehrs- und Nachrichtenwesen |
|---|---|---|---|---|---|---|---|---|---|---|---|---|
| | | Zusammen | Bundes-autobahnen | Bundes-u. Landesstr. | Kreis-straßen | Gemeinde-straßen | Ver-waltung | Sonst. | | | | |
| 1970 | 100 | 94,0 | - | 23,6 | 7,4 | 51,5 | 10,4 | 1,2 | 0,0 | 5,9 | 0,0 | 0,0 |
| 1971 | 100 | 89,5 | - | 11,5 | 6,3 | 55,7 | 14,8 | 1,3 | 0,2 | 10,1 | 0,1 | 0,2 |
| 1972 | 100 | 94,5 | - | 14,9 | 3,9 | 57,9 | 16,2 | 1,6 | 0,1 | 5,1 | 0,0 | 0,3 |
| 1973 | 100 | 95,3 | - | 14,8 | 4,2 | 56,1 | 18,4 | 1,9 | 0,0 | 4,3 | 0,1 | 0,3 |
| 1974 | 100 | 94,2 | - | 24,3 | 7,8 | 50,1 | 10,7 | 1,3 | 0,1 | 4,8 | 0,9 | 0,1 |
| 1975 | 100 | 89,7 | 0,0 | 23,3 | 8,2 | 44,4 | 12,1 | 1,8 | 0,1 | 9,1 | 0,9 | 0,2 |
| 1976 | 100 | 91,7 | 0,0 | 21,1 | 8,3 | 47,1 | 13,3 | 1,9 | 0,1 | 7,2 | 1,0 | - |
| 1977 | 100 | 89,5 | 3,4 | 24,7 | 8,2 | 44,9 | 6,4 | 1,9 | 0,2 | 9,3 | 1,0 | - |
| 1978 | 100 | 89,9 | 2,7 | 26,2 | 8,0 | 44,9 | 6,1 | 2,0 | 0,1 | 8,4 | 1,6 | - |
| 1979 | 100 | 85,0 | 2,0 | 25,9 | 7,6 | 42,0 | 5,8 | 1,6 | 0,2 | 13,3 | 1,5 | - |

Quelle: siehe TAB. 1 und eigene Berechnungen.

TAB. 64: AUSGABEN DES LANDES HESSEN UND DER GEMEINDEN/GV. FÜR DAS VERKEHRS- UND NACHRICHTENWESEN NACH AUFGABENBEREICHEN (DM je Einwohner)

| Jahr | Insgesamt | Straßen einschl. Verwaltung | | | | | | | Wasserstr. und Häfen einschl. Verw. | Schienenverkehr | Luftfahrt | Sonst. Verkehrs- und Nachrichtenwesen |
|---|---|---|---|---|---|---|---|---|---|---|---|---|
| | | Zusammen | Bundesautobahnen | Bundes-u. Landesstr. | Kreisstraßen | Gemeindestraßen | Verwaltung | Sonst. | | | | |
| 1970 | 169,26 | 159,17 | - | 40,02 | 12,48 | 87,12 | 17,59 | 1,95 | 0,07 | 9,94 | 0,04 | 0,04 |
| 1971 | 196,32 | 175,71 | - | 22,53 | 12,28 | 109,28 | 29,10 | 2,53 | 0,37 | 19,78 | 0,13 | 0,33 |
| 1972 | 190,74 | 180,22 | - | 28,45 | 7,35 | 110,50 | 30,90 | 3,03 | 0,13 | 9,71 | 0,05 | 0,65 |
| 1973 | 192,63 | 183,60 | - | 28,46 | 8,06 | 108,04 | 35,43 | 3,62 | 0,05 | 8,29 | 0,14 | 0,54 |
| 1974 | 212,38 | 200,12 | - | 51,59 | 16,58 | 106,49 | 22,63 | 2,85 | 0,16 | 10,09 | 1,85 | 0,14 |
| 1975 | 197,95 | 177,57 | 0,00 | 46,09 | 16,14 | 87,98 | 23,89 | 3,47 | 0,23 | 18,01 | 1,83 | 0,31 |
| 1976 | 187,72 | 172,07 | 0,00 | 39,62 | 15,52 | 88,43 | 25,00 | 3,52 | 0,27 | 13,50 | 1,88 | - |
| 1977 | 200,15 | 179,22 | 6,81 | 49,38 | 16,45 | 89,92 | 12,87 | 3,79 | 0,34 | 18,53 | 2,06 | - |
| 1978 | 218,32 | 196,23 | 5,99 | 57,11 | 17,40 | 98,09 | 13,29 | 4,33 | 0,27 | 18,25 | 3,55 | - |
| 1979 | 244,56 | 207,86 | 4,95 | 63,45 | 18,67 | 102,71 | 14,08 | 4,03 | 0,50 | 32,53 | 3,67 | - |

Quelle: siehe TAB. 1.

TAB. 65: AUSGABEN DES LANDES HESSEN UND DER GEMEINDEN/GV. FÜR DAS VERKEHRS- UND NACHRICHTENWESEN NACH AUFGABENBEREICHEN (Anteile der Körperschaften in %)

| Jahr | Insgesamt | Straßen einschl. Verwaltung | Wasserstraßen und Häfen einschl. Verw. | Schienenverkehr | Luftfahrt | Sonst. Verkehrs- und Nachrichtenwesen |
|---|---|---|---|---|---|---|
| 1970 | 5,2 | 5,8 | 0,0 | 9,4 | 0,1 | 0,0 |
| 1971 | 5,4 | 5,9 | 0,2 | 12,1 | 0,2 | 0,2 |
| 1972 | 5,1 | 6,0 | 0,0 | 3,7 | 0,1 | 0,4 |
| 1973 | 4,9 | 5,9 | 0,0 | 3,2 | 0,2 | 0,4 |
| 1974 | 5,1 | 6,3 | 0,0 | 3,0 | 2,1 | 0,1 |
| 1975 | 4,7 | 5,6 | 0,1 | 4,3 | 2,0 | 0,2 |
| 1976 | 4,5 | 5,6 | 0,1 | 3,6 | 2,3 | 0,0 |
| 1977 | 4,5 | 5,5 | 0,1 | 4,7 | 2,4 | 0,0 |
| 1978 | 4,5 | 5,4 | 0,1 | 4,1 | 4,2 | 0,0 |
| 1979 | 4,4 | 5,2 | 0,1 | 5,7 | 3,7 | 0,0 |

Quelle: siehe TAB. 1 und eigene Berechnungen.

**und Luftfahrt über dem Bundesdurchschnitt der Pro-Einwohner-Ausgaben liegen. In den übrigen Bereichen lagen diese Ausgaben unter dem Bundesdurchschnitt. Die TAB. 65 zeigt für die Anteile der einzelnen Bereiche an den Ausgaben aller Bundesländer und ihrer Gemeinden hingegen unterdurchschnittliche Werte.**

e. Rheinland-Pfalz

Die Ausgaben des Landes Rheinland-Pfalz und seiner Gemeinden für Verkehrs- und Nachrichten gegliedert nach Aufgabenbereichen zeigt TAB. 66. Die höchsten Steigerungen des Ausgabenvolumens entstanden im Untersuchungszeitraum 1970 - 1979 in den Bereichen Schienenverkehr (2.282,4 %) Wasserstraßen (292,5 %) und Sonstiges (288,9 %). In der prozentualen Verteilung der Ausgaben auf die einzelnen Aufgabenbereiche zeigt sich in Rheinland-Pfalz keine Veränderung bezüglich der Schwerpunkte. Ausgabenzentrum bildet der Bereich Straßen. Innerhalb dieses Bereiches geht der größte Anteil der Mittel in die Gemeindestraßen (vgl. TAB. 67). Die Verteilung der Mittel auf die einzelnen Aufgabenbereiche wird auch durch die Pro-Einwohner-Ausgaben veranschaulicht (vgl. TAB. 68). Es zeigt sich, daß Rheinland-Pfalz in den Bereichen Ausgaben insgesamt, Straßen, Bundesautobahnen, Bundes- und Landesstraßen sowie Verwaltung auf die Einwohnerzahl bezogene Ausgaben über dem Durchschnitt aller Bundesländer tätigt. TAB. 69 zeigt demgegenüber einen unterdurchschnittlichen Anteil des Landes Rheinland-Pfalz und seiner Gemeinden in allen Aufgabenbereichen bezüglich der auf alle Bundesländer und ihre Gemeinden bezogenen Ausgabenwerte.

f. Baden-Württemberg

Für das Land Baden-Württemberg und seine Gemeinden sind die Ausgaben für Verkehr und Nachrichten in TAB. 70 dargestellt. Im Untersuchungszeitraum 1970 bis 1979 verzeichnen die Bereiche Schienenverkehr (779,2 %) und Luftfahrt (266,7 %) die stärksten Steigerungen. Die Ausgaben im Bereich sonstiges Verkehrs- und Nachrichtenwesen sind hingegen um 99,5 % gesunken. Die TAB. 71 zeigt die prozentuale Verteilung der Ausgaben auf die einzelnen Aufgabenbereiche. Auch in diesem Falle bilden die Straßen und insbesondere die Gemeindestraßen den Schwerpunkt der Ausgaben im Verkehrs- und Nachrichtenwesen. Die Verteilung der Ausgabenlast ist in TAB. 72 noch einmal anhand der Pro-Einwohner-Ausgaben verdeutlicht. Über dem Bundesdurchschnitt liegende Pro-Einwohner-Ausgaben tätigte Rheinland-Pfalz 1979 in den Bereichen Ausgaben insgesamt, Straßen, Bundes- und Landesstraßen, Gemeindestraßen, Verwaltung, Sonstiges und Schienen-

TAB. 66: AUSGABEN DES LANDES RHEINLAND-PFALZ UND DER GEMEINDEN/GV. FÜR DAS VERKEHRS- UND NACHRICHTENWESEN NACH AUFGABENBEREICHEN (in Mill. DM)

| Jahr | Insgesamt | Straßen einschl. Verwaltung | | | | | | | Wasserstr. und Häfen einschl.Verw. | Schienen-verkehr | Luft-fahrt | Sonst.Ver-kehrs- und Nachrichten-wesen |
|---|---|---|---|---|---|---|---|---|---|---|---|---|
| | | Zusammen | Bundes-autobahnen | Bundes-u. Landesstr. | Kreis-straßen | Gemeinde-straßen | Ver-waltung | Sonst. | | | | |
| 1970 | 584,4 | 577,5 | 8,1 | 160,8 | 98,6 | 270,7 | 35,8 | 3,6 | 4,0 | 1,7 | 0,5 | 0,7 |
| 1971 | 663,8 | 646,8 | 12,5 | 188,3 | 107,3 | 285,3 | 49,8 | 3,7 | 4,3 | 0,9 | 0,4 | 11,5 |
| 1972 | 676,8 | 661,2 | 14,3 | 217,6 | 105,0 | 269,0 | 50,7 | 4,6 | 4,6 | 7,4 | 0,4 | 3,2 |
| 1973 | 720,0 | 703,6 | 18,9 | 234,4 | 108,6 | 284,2 | 51,5 | 5,9 | 6,2 | 8,4 | 0,5 | 1,3 |
| 1974 | 789,5 | 766,0 | 23,0 | 247,9 | 55,9 | 389,5 | 49,1 | 0,6 | 3,8 | 17,4 | 0,9 | 1,5 |
| 1975 | 724,0 | 700,5 | 20,7 | 197,4 | 92,2 | 332,1 | 52,9 | 5,2 | 5,3 | 17,1 | 0,3 | 0,8 |
| 1976 | 704,0 | 685,6 | 19,6 | 239,3 | 113,8 | 252,4 | 53,1 | 7,4 | 8,4 | 8,9 | 0,9 | 0,2 |
| 1977 | 799,0 | 767,5 | 18,9 | 257,8 | 86,6 | 345,6 | 53,6 | 5,1 | 10,6 | 19,7 | 1,0 | 0,2 |
| 1978 | 929,4 | 897,4 | 19,0 | 283,4 | 175,7 | 355,1 | 55,4 | 8,8 | 14,4 | 17,5 | 0,0 | - |
| 1979 | 1.126,3 | 1.068,0 | 22,5 | 313,1 | 241,9 | 415,0 | 61,5 | 14,0 | 15,7 | 40,5 | 0,9 | 1,2 |

Quelle: siehe TAB. 1.

TAB. 67: AUSGABEN DES LANDES RHEINLAND-PFALZ UND DER GEMEINDEN/GV. FÜR DAS VERKEHRS- UND NACHRICHTENWESEN NACH AUFGABENBEREICHEN (in %)

| Jahr | Insgesamt | Straßen einschl. Verwaltung | | | | | | | Wasserstr. und Häfen einschl.Verw. | Schienen-verkehr | Luft-fahrt | Sonst.Ver-kehrs- und Nachrichten-wesen |
|---|---|---|---|---|---|---|---|---|---|---|---|---|
| | | Zusammen | Bundes-autobahnen | Bundes-u. Landesstr. | Kreis-straßen | Gemeinde-straßen | Ver-waltung | Sonst. | | | | |
| 1970 | 100 | 98,8 | 1,4 | 27,5 | 16,9 | 46,3 | 6,1 | 0,6 | 0,6 | 0,3 | 0,1 | 0,1 |
| 1971 | 100 | 97,4 | 1,9 | 28,4 | 16,2 | 43,0 | 7,5 | 0,6 | 0,6 | 0,1 | 0,1 | 1,7 |
| 1972 | 100 | 97,7 | 2,1 | 32,2 | 15,5 | 39,7 | 7,5 | 0,7 | 0,7 | 1,1 | 0,1 | 0,5 |
| 1973 | 100 | 97,7 | 2,6 | 32,6 | 15,1 | 39,5 | 7,2 | 0,8 | 0,9 | 1,2 | 0,1 | 0,2 |
| 1974 | 100 | 97,0 | 2,9 | 31,4 | 7,1 | 49,3 | 6,2 | 0,1 | 0,5 | 2,2 | 0,1 | 0,2 |
| 1975 | 100 | 96,8 | 2,9 | 27,3 | 12,7 | 45,9 | 7,3 | 0,7 | 0,7 | 2,4 | 0,0 | 0,1 |
| 1976 | 100 | 97,4 | 2,8 | 34,0 | 16,2 | 35,9 | 7,5 | 1,1 | 1,2 | 1,3 | 0,1 | 0,0 |
| 1977 | 100 | 96,1 | 2,4 | 32,3 | 10,8 | 43,3 | 6,7 | 0,6 | 1,3 | 2,5 | 0,1 | 0,0 |
| 1978 | 100 | 96,6 | 2,0 | 30,5 | 18,9 | 38,2 | 6,0 | 0,9 | 1,5 | 1,9 | 0,0 | 0,0 |
| 1979 | 100 | 94,8 | 2,0 | 27,8 | 21,5 | 36,8 | 5,5 | 1,2 | 1,4 | 3,6 | 0,1 | 0,1 |

Quelle: siehe TAB. 1 und eigene Berechnungen.

TAB. 68: AUSGABEN DES LANDES RHEINLAND-PFALZ UND DER GEMEINDEN/GV. FÜR DAS VERKEHRS- UND NACHRICHTENWESEN NACH AUFGABENBEREICHEN (DM je Einwohner)

| Jahr | Insgesamt | Straßen einschl. Verwaltung | | | | | | | Wasserstr. und Häfen einschl. Verw. | Schienenverkehr | Luftfahrt | Sonst. Verkehrs- und Nachrichtenwesen |
|---|---|---|---|---|---|---|---|---|---|---|---|---|
| | | Zusammen | Bundesautobahnen | Bundes-u. Landesstr. | Kreisstraßen | Gemeindestraßen | Verwaltung | Sonst. | | | | |
| 1970 | 159,18 | 157,30 | 2,21 | 43,60 | 26,86 | 73,73 | 9,75 | 0,98 | 1,09 | 0,46 | 0,14 | 0,19 |
| 1971 | 180,89 | 176,25 | 3,41 | 51,31 | 29,24 | 77,75 | 13,57 | 1,01 | 1,17 | 0,25 | 0,11 | 3,13 |
| 1972 | 183,64 | 179,41 | 3,88 | 59,04 | 28,49 | 72,99 | 13,76 | 1,25 | 1,25 | 2,01 | 0,11 | 0,87 |
| 1973 | 194,68 | 190,25 | 5,11 | 63,38 | 29,36 | 76,85 | 13,93 | 1,60 | 1,68 | 2,27 | 0,14 | 0,35 |
| 1974 | 213,63 | 207,27 | 6,22 | 67,08 | 15,13 | 105,39 | 13,29 | 0,16 | 1,03 | 4,71 | 0,24 | 0,41 |
| 1975 | 196,87 | 190,48 | 5,63 | 53,68 | 25,07 | 90,31 | 14,39 | 1,41 | 1,44 | 4,65 | 0,08 | 0,22 |
| 1976 | 192,55 | 187,51 | 5,36 | 65,45 | 31,12 | 69,03 | 14,52 | 2,02 | 2,30 | 2,43 | 0,25 | 0,05 |
| 1977 | 219,19 | 210,55 | 5,18 | 70,72 | 23,76 | 94,81 | 14,70 | 1,40 | 2,91 | 5,40 | 0,27 | 0,05 |
| 1978 | 255,74 | 246,94 | 5,23 | 77,98 | 48,35 | 97,71 | 15,24 | 2,42 | 3,96 | 4,82 | 0,00 | - |
| 1979 | 310,19 | 294,14 | 6,20 | 86,23 | 66,56 | 114,30 | 16,94 | 3,86 | 4,32 | 11,15 | 0,25 | 0,33 |

Quelle: siehe TAB. 1.

TAB. 69: AUSGABEN DES LANDES RHEINLAND-PFALZ UND DER GEMEINDEN/GV. FÜR DAS VERKEHRS- UND NACHRICHTENWESEN NACH AUFGABENBEREICHEN (Anteile der Körperschaften in %)

| Jahr | Insgesamt | Straßen einschl. Verwaltung | Wasserstraßen und Häfen einschl. Verw. | Schienenverkehr | Luftfahrt | Sonst. Verkehrs- und Nachrichtenwesen |
|---|---|---|---|---|---|---|
| 1970 | 3,3 | 3,9 | 0,4 | 0,3 | 0,2 | 0,1 |
| 1971 | 3,3 | 4,0 | 0,3 | 0,1 | 0,1 | 1,2 |
| 1972 | 3,3 | 4,0 | 0,3 | 0,5 | 0,1 | 0,4 |
| 1973 | 3,3 | 4,1 | 0,4 | 0,6 | 0,1 | 0,2 |
| 1974 | 3,4 | 4,3 | 0,2 | 0,9 | 0,2 | 0,2 |
| 1975 | 3,1 | 4,0 | 0,2 | 0,7 | 0,1 | 0,1 |
| 1976 | 3,0 | 4,0 | 0,4 | 0,4 | 0,2 | 0,0 |
| 1977 | 3,3 | 4,3 | 0,4 | 0,9 | 0,2 | 0,0 |
| 1978 | 3,4 | 4,5 | 0,5 | 0,7 | 0,0 | 0,0 |
| 1979 | 3,7 | 4,8 | 0,6 | 1,3 | 0,2 | 0,1 |

Quelle: siehe TAB. 1 und eigene Berechnungen.

TAB. 70: AUSGABEN DES LANDES BADEN-WÜRTTEMBERG UND DER GEMEINDEN/GV. FÜR DAS VERKEHRS- UND NACHRICHTENWESEN NACH AUFGABENBEREICHEN (in Mill. DM)

| Jahr | Insgesamt | Straßen einschl. Verwaltung | | | | | | | Wasserstr. und Häfen einschl.Verw. | Schienen-verkehr | Luft-fahrt | Sonst.Ver-kehrs- und Nachrichten-wesen |
|---|---|---|---|---|---|---|---|---|---|---|---|---|
| | | Zusammen | Bundes-autobahnen | Bundes-u. Landesstr. | Kreis-straßen | Gemeinde-straßen | Ver-waltung | Sonst. | | | | |
| 1970 | 1.723,1 | 1.672,3 | - | 426,2 | 108,9 | 1.005,1 | 90,8 | 41,2 | 4,6 | 26,9 | 0,3 | 19,0 |
| 1971 | 1.850,6 | 1.767,5 | - | 389,4 | 117,4 | 1.107,4 | 102,8 | 50,4 | 17,7 | 41,4 | 0,3 | 23,6 |
| 1972 | 1.815,2 | 1.735,9 | - | 327,9 | 102,0 | 1.150,1 | 104,3 | 51,6 | 25,6 | 47,9 | 0,4 | 5,4 |
| 1973 | 1.932,8 | 1.825,0 | - | 342,1 | 67,6 | 1.225,2 | 127,2 | 62,9 | 18,9 | 73,2 | 2,9 | 12,6 |
| 1974 | 2.036,1 | 1.912,6 | 0,0 | 383,4 | 134,6 | 1.267,6 | 107,0 | 20,2 | 19,7 | 64,8 | 5,0 | 34,0 |
| 1975 | 1.966,8 | 1.822,4 | 0,0 | 454,9 | 134,2 | 1.101,2 | 110,2 | 21,6 | 20,4 | 87,8 | 1,6 | 34,5 |
| 1976 | 1.809,6 | 1.658,0 | 0,0 | 481,2 | 95,3 | 957,5 | 93,0 | 31,0 | 22,5 | 127,2 | 1,7 | 0,1 |
| 1977 | 2.123,1 | 1.922,3 | 0,0 | 553,7 | 111,1 | 1.117,7 | 99,0 | 40,8 | 21,6 | 178,7 | 0,5 | 0,1 |
| 1978 | 2.315,5 | 2.147,0 | 0,0 | 582,0 | 132,3 | 1.281,9 | 107,0 | 43,8 | 10,4 | 157,4 | 0,5 | 0,1 |
| 1979 | 2.682,2 | 2.439,0 | 0,0 | 641,9 | 164,8 | 1.463,9 | 116,6 | 51,8 | 5,5 | 236,5 | 1,1 | 0,1 |

Quelle: siehe TAB. 1.

TAB. 71: AUSGABEN DES LANDES BADEN-WÜRTTEMBERG UND DER GEMEINDEN/GV. FÜR DAS VERKEHRS- UND NACHRICHTENWESEN NACH AUFGABENBEREICHEN (in %)

| Jahr | Insgesamt | Straßen einschl. Verwaltung | | | | | | | Wasserstr. und Häfen einschl.Verw. | Schienen-verkehr | Luft-fahrt | Sonst.Ver-kehrs- und Nachrichten-wesen |
|---|---|---|---|---|---|---|---|---|---|---|---|---|
| | | Zusammen | Bundes-autobahnen | Bundes-u. Landesstr. | Kreis-straßen | Gemeinde-straßen | Ver-waltung | Sonst. | | | | |
| 1970 | 100 | 97,1 | - | 24,7 | 6,3 | 58,3 | 5,3 | 2,4 | 0,3 | 1,6 | 0,0 | 1,1 |
| 1971 | 100 | 95,5 | - | 23,6 | 6,4 | 59,8 | 5,6 | 2,7 | 1,0 | 2,2 | 0,0 | 1,3 |
| 1972 | 100 | 95,6 | - | 20,9 | 5,6 | 63,4 | 5,7 | 2,8 | 1,4 | 2,6 | 0,0 | 0,3 |
| 1973 | 100 | 94,4 | - | 17,7 | 3,5 | 63,4 | 6,6 | 3,3 | 1,0 | 3,8 | 0,2 | 0,7 |
| 1974 | 100 | 93,9 | - | 18,8 | 6,6 | 62,3 | 5,3 | 1,0 | 1,0 | 3,2 | 0,2 | 1,7 |
| 1975 | 100 | 92,7 | - | 23,1 | 6,8 | 56,0 | 5,6 | 1,1 | 1,0 | 4,5 | 0,1 | 1,8 |
| 1976 | 100 | 91,6 | - | 26,6 | 5,3 | 52,9 | 5,1 | 1,7 | 1,2 | 7,0 | 1,0 | 0,0 |
| 1977 | 100 | 90,5 | - | 26,1 | 5,2 | 52,6 | 4,7 | 1,9 | 1,0 | 8,4 | 0,0 | 0,0 |
| 1978 | 100 | 92,7 | - | 25,1 | 5,7 | 55,4 | 4,6 | 1,9 | 0,4 | 6,8 | 0,0 | 0,0 |
| 1979 | 100 | 90,9 | - | 23,9 | 6,1 | 54,6 | 4,3 | 1,9 | 0,2 | 8,8 | 0,0 | 0,0 |

Quelle: siehe TAB. 1 und eigene Berechnungen.

TAB. 72: AUSGABEN DES LANDES BADEN-WÜRTTEMBERG UND DER GEMEINDEN/GV. FÜR DAS VERKEHRS- UND NACHRICHTENWESEN NACH AUFGABENBEREICHEN (DM je Einwohner)

| Jahr | Insgesamt | Straßen einschl. Verwaltung | | | | | | | Wasserstr. und Häfen einschl. Verw. | Schienenverkehr | Luftfahrt | Sonst. Verkehrs- und Nachrichtenwesen |
|---|---|---|---|---|---|---|---|---|---|---|---|---|
| | | Zusammen | Bundesautobahnen | Bundes-u. Landesstr. | Kreisstraßen | Gemeindestraßen | Verwaltung | Sonst. | | | | |
| 1970 | 191,54 | 185,89 | - | 47,38 | 12,11 | 111,73 | 10,09 | 4,58 | 0,51 | 2,99 | 0,03 | 2,11 |
| 1971 | 205,16 | 195,95 | - | 43,17 | 13,04 | 122,77 | 11,40 | 5,59 | 1,96 | 4,59 | 0,03 | 2,62 |
| 1972 | 199,09 | 190,39 | - | 41,69 | 11,19 | 126,14 | 11,44 | 5,66 | 2,81 | 5,25 | 0,04 | 0,59 |
| 1973 | 209,84 | 198,14 | - | 37,14 | 7,34 | 133,02 | 13,81 | 6,83 | 2,05 | 7,95 | 0,31 | 1,37 |
| 1974 | 220,41 | 207,04 | 0,0 | 41,51 | 14,57 | 137,22 | 11,58 | 2,19 | 2,13 | 7,01 | 0,54 | 3,68 |
| 1975 | 213,85 | 198,15 | 0,0 | 49,46 | 14,59 | 119,77 | 11,98 | 2,35 | 2,22 | 9,55 | 0,17 | 3,75 |
| 1976 | 198,12 | 181,53 | 0,0 | 52,68 | 10,43 | 104,83 | 10,18 | 3,39 | 2,46 | 13,93 | 0,19 | 0,01 |
| 1977 | 232,78 | 210,76 | 0,0 | 60,71 | 12,18 | 122,55 | 10,85 | 4,47 | 2,37 | 19,59 | 0,07 | 0,01 |
| 1978 | 253,69 | 235,23 | 0,0 | 63,76 | 14,49 | 140,45 | 11,72 | 4,80 | 1,14 | 17,24 | 0,05 | 0,01 |
| 1979 | 292,88 | 266,32 | 0,0 | 70,09 | 17,99 | 159,85 | 12,73 | 5,66 | 0,60 | 25,82 | 0,12 | 0,01 |

Quelle: siehe TAB. 1.

TAB. 73: AUSGABEN DES LANDES BADEN-WÜRTTEMBERG UND DER GEMEINDEN/GV. FÜR DAS VERKEHRS- UND NACHRICHTENWESEN NACH AUFGABENBEREICHEN (Anteile der Körperschaften in %)

| Jahr | Insgesamt | Straßen einschl. Verwaltung | Wasserstraßen und Häfen einschl. Verw. | Schienenverkehr | Luftfahrt | Sonst. Verkehrs- und Nachrichtenwesen |
|---|---|---|---|---|---|---|
| 1970 | 9,8 | 11,2 | 0,4 | 4,7 | 0,1 | 2,7 |
| 1971 | 9,3 | 10,8 | 1,4 | 4,6 | 0,1 | 2,5 |
| 1972 | 8,7 | 10,4 | 1,8 | 3,3 | 0,1 | 0,6 |
| 1973 | 8,9 | 10,5 | 1,3 | 5,0 | 0,7 | 1,5 |
| 1974 | 8,8 | 10,8 | 1,0 | 3,4 | 1,0 | 3,5 |
| 1975 | 8,3 | 10,4 | 0,9 | 3,8 | 0,3 | 3,3 |
| 1976 | 7,8 | 9,7 | 1,0 | 6,2 | 0,4 | 0,0 |
| 1977 | 8,7 | 10,7 | 0,9 | 8,1 | 0,1 | 0,0 |
| 1978 | 8,6 | 10,7 | 0,4 | 6,4 | 0,1 | 0,0 |
| 1979 | 8,7 | 10,9 | 0,2 | 7,5 | 0,2 | 0,0 |

Quelle: siehe TAB. 1 und eigene Berechnungen.

verkehr. In den übrigen Bereichen sind die Pro-Einwohner-Ausgaben unterdurchschnittlich. TAB. 73 veranschaulicht die Anteile des Landes Rheinland-Pfalz und seiner Gemeinden an den Ausgaben aller Bundesländer und ihrer Gemeinden bezüglich der einzelnen Ausgabenbereiche. Nur im Bereich Straßen ist für Rheinland-Pfalz ein überdurchschnittlicher Anteil ausgewiesen.

g. Bayern

Die Ausgaben des Landes Bayern und seiner Gemeinden für das Verkehrs- und Nachrichtenwesen gehen für den Zeitraum 1970 - 1979 aus TAB. 74 hervor. Die höchsten Steigerungen des Ausgabenvolumens sind in den Bereichen Schienenverkehr (18.430 %), Wasserstraßen (284,5 %) und Luftfahrt (257,1 %) zu verzeichnen. Rückläufige Entwicklungstendenz ergibt sich nur für den Bereich sonstiges Verkehrs- und Nachrichtenwesen (- 52 %). Als Ausgabenschwerpunkt identifiziert TAB. 75 den Bereich Straßen mit der ausgabenintensivsten Position Gemeindestraßen. Die Verteilung der Ausgabenlast veranschaulicht TAB. 76 noch einmal anhand der Pro-Einwohner-Ausgaben in den einzelnen Ausgabenbereichen. Über dem Bundesdurchschnitt liegen die Bereiche Ausgaben insgesamt, Straßen, Bundesautobahnen, Kreisstraßen und Gemeindestraßen. Die übrigen Ausgabenbereiche verzeichnen unterdurchschnittliche Pro-Einwohner-Ausgaben. Die auf die Ausgaben der Bundesländer und ihre Gemeinden bezogenen Anteilswerte weist TAB. 77 aus. In den Bereichen Ausgaben insgesamt und Straßen tätigten Bayern und seine Gemeinden 1979 überdurchschnittliche Ausgaben. Die übrigen Ausgabenbereiche liegen unter dem Durchschnitt.

h. Saarland

In TAB. 78 ist die Entwicklung der Ausgaben des Saarlandes und seiner Gemeinden für Verkehrs- und Nachrichtenwesen getrennt nach Aufgabenbereichen über den Zeitraum 1970 - 1979 veranschaulicht. Die höchste Steigerung im Untersuchungszeitraum hat sich bei den Ausgaben für den Schienenverkehr (1.150 %) vollzogen. Die Ausgaben für den Bereich Luftverkehr sind hingegen um 27,7 % zurückgegangen. Die prozentuale Verteilung der Ausgaben auf die einzelnen Aufgabenbereiche weist den Bereich Straße als den Schwerpunkt der Ausgabenaktivität aus. Innerhalb dieses Bereiches zeigt sich die Position Gemeindestraßen als der Hauptverausgabungssektor (vgl. TAB. 79). Die in TAB. 80 dargestellten Pro-Einwohner-Ausgaben belegen diese Ausgabenzentren. Zudem zeigt sich für das Saarland eine über dem Bundesdurchschnitt liegende Pro-Einwohner-Ausgabenquote

TAB. 74: AUSGABEN DES LANDES BAYERN UND DER GEMEINDEN/GV. FÜR DAS VERKEHRS- UND NACHRICHTENWESEN NACH AUFGABENBEREICHEN (in Mill. DM)

| Jahr | Insgesamt | Straßen einschl. Verwaltung | | | | | | | Wasserstr. und Häfen einschl. Verw. | Schienen-verkehr | Luft-fahrt | Sonst. Verkehrs- und Nachrichten-wesen |
|---|---|---|---|---|---|---|---|---|---|---|---|---|
| | | Zusammen | Bundes-autobahnen | Bundes-u. Landesstr. | Kreis-straßen | Gemeinde-straßen | Ver-waltung | Sonst. | | | | |
| 1970 | 1.811,1 | 1.787,5 | 10,9 | 248,5 | 198,4 | 1.242,1 | 65,2 | 22,3 | 19,4 | 1,0 | 0,7 | 2,5 |
| 1971 | 2.089,3 | 2.066,2 | 9,1 | 284,3 | 196,7 | 1.476,8 | 72,8 | 26,6 | 16,4 | 1,7 | 0,7 | 4,2 |
| 1972 | 2.064,5 | 2.028,1 | 9,1 | 325,0 | 186,8 | 1.395,7 | 81,4 | 30,0 | 29,5 | 2,5 | 1,6 | 2,9 |
| 1973 | 2.129,4 | 2.093,2 | 16,8 | 332,4 | 175,0 | 1.441,4 | 93,1 | 34,6 | 27,0 | 4,0 | 1,8 | 3,4 |
| 1974 | 2.272,2 | 2.227,3 | 17,3 | 409,7 | 197,6 | 1.507,4 | 76,4 | 19,0 | 30,5 | 11,5 | 1,8 | 1,1 |
| 1975 | 2.270,0 | 2.216,1 | 13,5 | 415,2 | 204,2 | 1.489,9 | 83,6 | 9,6 | 36,0 | 14,0 | 2,7 | 1,2 |
| 1976 | 2.315,7 | 2.244,4 | 16,0 | 413,4 | 218,3 | 1.488,0 | 86,9 | 21,7 | 54,5 | 13,6 | 2,2 | 1,0 |
| 1977 | 2.541,1 | 2.441,1 | 12,8 | 480,1 | 235,4 | 1.594,8 | 92,5 | 25,5 | 66,0 | 30,4 | 2,3 | 1,3 |
| 1978 | 2.890,4 | 2.767,1 | 16,4 | 531,9 | 278,6 | 1.819,9 | 96,1 | 24,1 | 82,1 | 36,8 | 2,9 | 1,4 |
| 1979 | 3.305,5 | 3.041,9 | 23,3 | 594,6 | 337,6 | 1.952,6 | 107,1 | 26,9 | 74,6 | 185,3 | 2,5 | 1,2 |

Quelle: siehe TAB. 1.

TAB. 75: AUSGABEN DES LANDES BAYERN UND DER GEMEINDEN/GV. FÜR DAS VERKEHRS- UND NACHRICHTENWESEN NACH AUFGABENBEREICHEN (in %)

| Jahr | Insgesamt | Straßen einschl. Verwaltung | | | | | | | Wasserstr. und Häfen einschl. Verw. | Schienen-verkehr | Luft-fahrt | Sonst. Verkehrs- und Nachrichten-wesen |
|---|---|---|---|---|---|---|---|---|---|---|---|---|
| | | Zusammen | Bundes-autobahnen | Bundes-u. Landesstr. | Kreis-straßen | Gemeinde-straßen | Ver-waltung | Sonst. | | | | |
| 1970 | 100 | 98,7 | 0,6 | 13,7 | 11,0 | 68,6 | 3,6 | 1,2 | 1,1 | 0,1 | 0,0 | 0,1 |
| 1971 | 100 | 98,9 | 0,4 | 13,6 | 9,4 | 70,7 | 3,5 | 1,3 | 0,8 | 0,1 | 0,0 | 0,2 |
| 1972 | 100 | 98,2 | 0,4 | 15,7 | 9,0 | 67,6 | 3,9 | 1,5 | 1,4 | 0,1 | 0,1 | 0,1 |
| 1973 | 100 | 98,3 | 0,8 | 15,6 | 8,2 | 67,7 | 4,4 | 1,6 | 1,3 | 0,2 | 0,1 | 0,2 |
| 1974 | 100 | 98,0 | 0,8 | 18,0 | 8,7 | 66,3 | 3,4 | 0,8 | 1,3 | 0,5 | 0,1 | 0,0 |
| 1975 | 100 | 97,6 | 0,6 | 18,3 | 9,0 | 65,6 | 3,7 | 0,4 | 1,6 | 0,6 | 0,1 | 0,1 |
| 1976 | 100 | 96,9 | 0,7 | 17,9 | 9,4 | 64,3 | 3,8 | 0,9 | 2,4 | 0,6 | 0,1 | 0,0 |
| 1977 | 100 | 96,1 | 0,5 | 18,9 | 9,3 | 62,8 | 3,6 | 1,0 | 2,6 | 1,2 | 0,1 | 0,1 |
| 1978 | 100 | 95,7 | 0,6 | 18,4 | 9,6 | 62,9 | 3,3 | 0,8 | 2,8 | 1,3 | 0,1 | 0,1 |
| 1979 | 100 | 92,0 | 0,7 | 18,0 | 10,2 | 59,1 | 3,2 | 0,8 | 2,3 | 5,6 | 0,1 | 0,0 |

Quelle: siehe TAB. 1 und eigene Berechnungen.

TAB. 76: AUSGABEN DES LANDES BAYERN UND DER GEMEINDEN/GV. FÜR DAS VERKEHRS- UND NACHRICHTENWESEN NACH AUFGABENBEREICHEN (DM je Einwohner)

| Jahr | Insgesamt | Straßen einschl. Verwaltung | | | | | | | Wasserstr. und Häfen einschl. Verw. | Schienen-verkehr | Luft-fahrt | Sonst. Ver-kehrs- und Nachrichten-wesen |
|---|---|---|---|---|---|---|---|---|---|---|---|---|
| | | Zusammen | Bundes-autobahnen | Bundes-u. Landesstr. | Kreis-straßen | Gemeinde-straßen | Ver-waltung | Sonst. | | | | |
| 1970 | 169,94 | 167,72 | 1,02 | 23,32 | 18,62 | 116,55 | 6,12 | 2,09 | 1,82 | 0,09 | 0,07 | 0,23 |
| 1971 | 196,47 | 194,30 | 0,86 | 26,74 | 18,50 | 138,87 | 6,85 | 2,50 | 1,54 | 0,16 | 0,07 | 0,39 |
| 1972 | 192,26 | 188,87 | 0,85 | 30,26 | 17,40 | 129,97 | 7,58 | 2,79 | 2,75 | 0,23 | 0,15 | 0,27 |
| 1973 | 196,88 | 193,53 | 1,55 | 30,73 | 16,18 | 133,27 | 8,61 | 3,20 | 2,50 | 0,37 | 0,17 | 0,31 |
| 1974 | 209,46 | 205,31 | 1,59 | 37,77 | 18,22 | 138,96 | 7,04 | 1,75 | 2,81 | 1,06 | 0,17 | 0,10 |
| 1975 | 209,60 | 204,63 | 1,25 | 38,34 | 18,85 | 137,57 | 7,72 | 0,89 | 3,32 | 1,29 | 0,25 | 0,11 |
| 1976 | 214,42 | 207,82 | 1,48 | 38,28 | 20,21 | 137,78 | 8,05 | 2,01 | 5,05 | 1,26 | 0,20 | 0,09 |
| 1977 | 235,02 | 225,77 | 1,18 | 44,40 | 21,77 | 147,50 | 8,56 | 2,36 | 6,10 | 2,81 | 0,21 | 0,12 |
| 1978 | 267,37 | 255,96 | 1,52 | 49,20 | 25,77 | 168,34 | 8,89 | 2,23 | 7,59 | 3,40 | 0,27 | 0,13 |
| 1979 | 304,79 | 280,48 | 2,15 | 54,82 | 31,11 | 180,04 | 9,88 | 2,48 | 6,88 | 17,09 | 0,23 | 0,11 |

Quelle: siehe TAB. 1.

TAB. 77: AUSGABEN DES LANDES BAYERN UND DER GEMEINDEN/GV. FÜR DAS VERKEHRS- UND NACHRICHTENWESEN NACH AUFGABENBEREICHEN (Anteile der Körperschaften in %)

| Jahr | Insgesamt | Straßen einschl. Verwaltung | Wasserstraßen und Häfen einschl. Verw. | Schienen-verkehr | Luftfahrt | Sonst. Verkehrs- und Nachrichten-wesen |
|---|---|---|---|---|---|---|
| 1970 | 10,3 | 12,0 | 1,7 | 0,2 | 0,2 | 0,4 |
| 1971 | 10,5 | 12,6 | 1,3 | 0,2 | 0,2 | 0,4 |
| 1972 | 9,9 | 12,2 | 2,1 | 0,2 | 0,4 | 0,3 |
| 1973 | 9,8 | 12,1 | 1,8 | 0,3 | 0,4 | 0,4 |
| 1974 | 9,9 | 12,6 | 1,6 | 0,6 | 0,4 | 0,1 |
| 1975 | 9,6 | 12,6 | 1,6 | 0,6 | 0,5 | 0,1 |
| 1976 | 10,0 | 13,1 | 2,5 | 0,7 | 0,5 | 0,1 |
| 1977 | 10,4 | 13,5 | 2,8 | 1,4 | 0,5 | 0,1 |
| 1978 | 10,7 | 13,8 | 3,1 | 1,5 | 0,6 | 0,1 |
| 1979 | 10,8 | 13,6 | 2,9 | 5,8 | 0,5 | 0,1 |

Quelle: siehe TAB. 1 und eigene Berechnungen.

TAB. 78: AUSGABEN DES LANDES SAARLAND UND DER GEMEINDEN/GV. FÜR DAS VERKEHRS- UND NACHRICHTENWESEN NACH AUFGABENBEREICHEN (in Mill. DM)

| Jahr | Insgesamt | Straßen einschl. Verwaltung | | | | | | | Wasserstr. und Häfen einschl. Verw. | Schienenverkehr | Luftfahrt | Sonst. Verkehrs- und Nachrichtenwesen |
|---|---|---|---|---|---|---|---|---|---|---|---|---|
| | | Zusammen | Bundesautobahnen | Bundes-u. Landesstr. | Kreisstraßen | Gemeindestraßen | Verwaltung | Sonst. | | | | |
| 1970 | 144,2 | 137,2 | - | 45,6 | 0,0 | 80,4 | 8,4 | 2,7 | - | 0,6 | 6,5 | 0,0 |
| 1971 | 156,5 | 155,1 | - | 54,9 | 0,0 | 88,7 | 9,0 | 2,5 | 0,2 | 0,8 | 0,4 | 0,0 |
| 1972 | 152,9 | 150,8 | - | 52,6 | 0,0 | 84,1 | 12,9 | 1,2 | 0,1 | 1,0 | 1,0 | 0,0 |
| 1973 | 172,6 | 170,7 | + 1,2 | 42,3 | 15,9 | 92,5 | 18,8 | 2,4 | - | 1,2 | 0,8 | 0,0 |
| 1974 | 190,7 | 184,5 | 1,8 | 44,9 | 25,6 | 99,2 | 13,0 | 0,1 | 1,7 | 1,1 | 3,3 | - |
| 1975 | 189,9 | 180,2 | 1,9 | 49,5 | 27,9 | 86,0 | 13,7 | 1,2 | 3,0 | 1,1 | 5,6 | - |
| 1976 | 177,6 | 165,6 | 1,8 | 36,1 | 26,5 | 83,5 | 14,1 | 3,6 | 5,0 | 1,0 | 6,0 | - |
| 1977 | 206,7 | 179,7 | 2,4 | 35,5 | 34,0 | 91,9 | 14,7 | 1,1 | 17,9 | 4,0 | 5,2 | 0,0 |
| 1978 | 218,4 | 186,5 | 1,9 | 37,3 | 33,1 | 98,8 | 14,4 | 0,9 | 16,2 | 10,1 | 5,6 | 0,1 |
| 1979 | 239,1 | 206,9 | 2,6 | 43,1 | 25,8 | 115,1 | 15,8 | 4,5 | 19,9 | 7,5 | 4,7 | - |

Quelle: siehe TAB. 1.

TAB. 79: AUSGABEN DES LANDES SAARLAND UND DER GEMEINDEN/GV. FÜR DAS VERKEHRS- UND NACHRICHTENWESEN NACH AUFGABENBEREICHEN (in %)

| Jahr | Insgesamt | Straßen einschl. Verwaltung | | | | | | | Wasserstr. und Häfen einschl. Verw. | Schienenverkehr | Luftfahrt | Sonst. Verkehrs- und Nachrichtenwesen |
|---|---|---|---|---|---|---|---|---|---|---|---|---|
| | | Zusammen | Bundesautobahnen | Bundes-u. Landesstr. | Kreisstraßen | Gemeindestraßen | Verwaltung | Sonst. | | | | |
| 1970 | 100 | 95,1 | - | 31,6 | 0,0 | 55,8 | 5,8 | 1,9 | - | 0,4 | 4,5 | 0,0 |
| 1971 | 100 | 99,1 | - | 35,1 | 0,0 | 56,7 | 5,8 | 1,6 | 0,1 | 0,5 | 0,3 | 0,0 |
| 1972 | 100 | 98,6 | - | 34,4 | 0,0 | 55,0 | 8,4 | 0,8 | 0,1 | 0,7 | 0,7 | 0,0 |
| 1973 | 100 | 98,9 | 0,7 | 24,5 | 9,2 | 53,6 | 10,9 | 1,4 | - | 0,7 | 0,5 | 0,0 |
| 1974 | 100 | 96,7 | 0,9 | 23,5 | 13,4 | 52,0 | 6,8 | 0,1 | 0,9 | 0,6 | 1,7 | 0,0 |
| 1975 | 100 | 94,9 | 1,0 | 26,1 | 14,7 | 45,3 | 7,2 | 0,6 | 1,6 | 0,6 | 2,9 | 0,0 |
| 1976 | 100 | 93,2 | 1,0 | 20,3 | 14,9 | 47,0 | 7,9 | 2,0 | 2,8 | 0,6 | 3,4 | 0,0 |
| 1977 | 100 | 86,9 | 1,2 | 17,2 | 16,4 | 44,5 | 7,1 | 0,5 | 8,7 | 1,9 | 2,5 | 0,0 |
| 1978 | 100 | 85,4 | 0,9 | 17,1 | 15,2 | 45,2 | 6,6 | 0,4 | 7,4 | 4,6 | 2,6 | 0,0 |
| 1979 | 100 | 86,5 | 1,1 | 18,0 | 10,8 | 48,1 | 6,6 | 1,9 | 8,3 | 3,1 | 2,0 | 0,0 |

Quelle: siehe TAB. 1 und eigene Berechnungen.

TAB. 80: AUSGABEN DES LANDES SAARLAND UND DER GEMEINDEN/GV. FÜR DAS VERKEHRS- UND NACHRICHTENWESEN NACH AUFGABENBEREICHEN (DM je Einwohner)

| Jahr | Insgesamt | Straßen einschl. Verwaltung | | | | | | | Wasserstr. und Häfen einschl. Verw. | Schienen-verkehr | Luft-fahrt | Sonst. Ver-kehrs- und Nachrichten-wesen |
|---|---|---|---|---|---|---|---|---|---|---|---|---|
| | | Zusammen | Bundes-autobahnen | Bundes-u. Landesstr. | Kreis-straßen | Gemeinde-straßen | Ver-waltung | Sonst. | | | | |
| 1970 | 127,91 | 121,70 | - | 40,45 | 0,00 | 71,32 | 7,45 | 2,40 | - | 0,53 | 5,77 | 0,00 |
| 1971 | 139,44 | 138,19 | - | 48,91 | 0,00 | 79,03 | 8,02 | 2,23 | 0,18 | 0,71 | 0,36 | 0,00 |
| 1972 | 136,39 | 134,52 | - | 46,92 | 0,00 | 75,02 | 11,51 | 1,07 | 0,09 | 0,89 | 0,89 | 0,00 |
| 1973 | 154,71 | 153,00 | + 1,08 | 37,91 | 14,25 | 82,91 | 16,85 | 2,15 | - | 1,08 | 0,72 | 0,00 |
| 1974 | 172,07 | 166,48 | 1,62 | 40,51 | 23,10 | 89,51 | 11,73 | 0,09 | 1,53 | 0,99 | 2,98 | - |
| 1975 | 172,60 | 163,78 | 1,73 | 44,99 | 25,36 | 78,17 | 12,45 | 1,09 | 2,73 | 1,00 | 5,09 | - |
| 1976 | 162,50 | 151,52 | 1,65 | 33,03 | 24,25 | 76,40 | 12,90 | 3,29 | 4,57 | 0,91 | 5,49 | - |
| 1977 | 190,40 | 165,53 | 2,21 | 32,70 | 31,32 | 84,65 | 13,54 | 1,01 | 16,49 | 3,68 | 4,79 | 0,00 |
| 1978 | 202,83 | 173,20 | 1,76 | 34,64 | 30,74 | 91,76 | 13,37 | 0,84 | 15,05 | 9,38 | 5,20 | 0,09 |
| 1979 | 223,48 | 193,38 | 2,43 | 40,28 | 24,11 | 107,58 | 14,77 | 4,21 | 18,60 | 7,01 | 4,39 | - |

Quelle: siehe TAB. 1.

TAB. 81: AUSGABEN DES LANDES SAARLAND UND DER GEMEINDEN/GV. FÜR DAS VERKEHRS- UND NACHRICHTENWESEN NACH AUFGABENBEREICHEN (Anteil der Körperschaften in %)

| Jahr | Insgesamt | Straßen einschl. Verwaltung | Wasserstraßen und Häfen einschl. Verw. | Schienen-verkehr | Luftfahrt | Sonst. Verkehrs- und Nachrichten-wesen |
|---|---|---|---|---|---|---|
| 1970 | 0,8 | 0,9 | - | 0,1 | 2,2 | 0,0 |
| 1971 | 0,8 | 0,9 | 0,0 | 0,1 | 0,1 | 0,0 |
| 1972 | 0,7 | 0,9 | 0,0 | 0,1 | 0,2 | 0,0 |
| 1973 | 0,8 | 1,0 | - | 0,1 | 0,2 | 0,0 |
| 1974 | 0,8 | 1,0 | 0,1 | 0,1 | 0,7 | 0,0 |
| 1975 | 0,8 | 1,0 | 0,1 | 0,0 | 1,1 | 0,0 |
| 1976 | 0,8 | 1,0 | 0,2 | 0,0 | 1,3 | 0,0 |
| 1977 | 0,8 | 1,0 | 0,8 | 0,2 | 1,1 | 0,0 |
| 1978 | 0,8 | 0,9 | 0,6 | 0,4 | 1,2 | 0,0 |
| 1979 | 0,8 | 0,9 | 0,8 | 0,2 | 0,9 | 0,0 |

Quelle: siehe TAB. 1 und eigene Berechnungen.

für die Bereiche Bundesautobahnen, Verwaltung, Wasserstraßen und Luftfahrt. Genau im Durchschnitt liegt die Quote für den Bereich Sonstiges. Die Anteile des Saarlandes und seiner Gemeinden an den Ausgaben aller Bundesländer und ihrer Gemeinden bezüglich aller Aufgabenbereiche sind unterdurchschnittlich (vgl. TAB. 81).

i. Hamburg

Für das Bundesland Hamburg weist TAB. 82 die Ausgaben für Verkehr und Nachrichten aus. Die höchste Steigerung des Ausgabenvolumens ist im Bereich Sonstiges zu vermerken. Rückläufig zeigt sich die Entwicklung der Ausgaben im Bereich Bundesautobahn (1970-1979: 101,1 % wegen Einnahmenüberschuß). Die Ausgabenverteilung auf die einzelnen Bereiche gemäß TAB. 83 zeigt für Hamburg eine Abweichung des Ausgabenschwerpunktes gegenüber den bisher behandelten Bundesländern. In Hamburg wird der größte Teil der gesamten Ausgaben für Verkehr und Nachrichten im Bereich Wasserstraßen verausgabt. Dies erklärt sich aus der besonderen Bedeutung der Wasserstraßen und des Hafens für die Wirtschaft Hamburgs. Der Bereich Straßen mit dem Schwerpunkt Gemeindestraße ist in der Ausgabenintensität nur unwesentlich geringer. Keine Ausgaben tätigte Hamburg für Kreisstraßen und nur sehr geringe für den Luftverkehr. Die Pro-Einwohner-Ausgaben in TAB. 84 verdeutlichen, daß Hamburg diesbezüglich in den Bereichen Ausgaben insgesamt, Verwaltung, Wasserstraßen und auch für das sonstige Verkehrs- und Nachrichtenwesen 1979 über dem Bundesdurchschnitt liegende Ausgaben hat. Der Anteil an den Ausgaben aller Bundesländer und ihrer Gemeinden ist hingegen nur im Bereich Wasserstraßen überdurchschnittlich (vgl. TAB. 85).

j. Bremen

Die Entwicklung der Ausgaben des Bundeslandes Bremen für das Verkehrs- und Nachrichtenwesen ist in TAB. 86 getrennt nach Aufgabenbereichen dargestellt. Die höchsten Steigerungen im Ausgabenvolumen sind im Untersuchungszeitraum 1970 - 1979 in den Aufgabenbereichen sonstiges Verkehrs- und Nachrichtenwesen (204,9 %), Wasserstraßen (1978:148,7%) und Bundes- und Landesstraßen (355,2%) eingetreten. Der Aufgabenbereich Schienenverkehr hat einen Rückgang der Ausgaben um 84,2 % zu verzeichnen. Keine Ausgaben sind in den Bereichen Bundesautobahnen und Kreisstraßen angefallen. TAB. 87 verdeutlicht, daß der Ausgabenschwerpunkt auch in Bremen im Bereich Straßen und hier vor allem in der Position Gemeindestraßen liegt. In der TAB. 88 sind die Ausgabenschwerpunkte noch-

TAB. 82: AUSGABEN DES LANDES HAMBURG UND DER GEMEINDEN/GV. FÜR DAS VERKEHRS- UND NACHRICHTENWESEN NACH AUFGABENBEREICHEN (in Mill. DM)

| Jahr | Insgesamt | Straßen einschl. Verwaltung | | | | | | | Wasserstr. und Häfen einschl. Verw. | Schienenverkehr | Luftfahrt | Sonst. Verkehrs- und Nachrichtenwesen |
|---|---|---|---|---|---|---|---|---|---|---|---|---|
| | | Zusammen | Bundesautobahnen | Bundes-u. Landesstr. | Kreisstraßen | Gemeindestraßen | Verwaltung | Sonst. | | | | |
| 1970 | 448,4 | 194,8 | 46,9 | 16,8 | - | 105,9 | 25,3 | 0,0 | 195,2 | 58,4 | 0,0 | - |
| 1971 | 486,4 | 205,3 | 40,3 | 13,3 | - | 121,6 | 30,0 | 0,1 | 186,2 | 94,9 | 0,0 | - |
| 1972 | 493,0 | 187,2 | 43,4 | 8,0 | - | 103,0 | 32,8 | - | 228,7 | 77,2 | 0,0 | - |
| 1973 | 439,7 | 208,0 | 51,5 | 10,1 | - | 109,7 | 36,6 | - | 202,7 | 29,0 | 0,0 | 0,0 |
| 1974 | 532,1 | 257,7 | 42,6 | 16,0 | - | 158,9 | 39,6 | 0,7 | 245,4 | 29,0 | 0,0 | - |
| 1975 | 546,5 | 237,3 | 38,0 | 9,1 | - | 150,2 | 39,6 | 0,4 | 232,5 | 76,7 | 0,0 | - |
| 1976 | 410,6 | 214,9 | 22,3 | 15,4 | - | 136,6 | 38,2 | 2,4 | 220,9 | 25,1 | 0,0 | - |
| 1977 | 420,1 | 207,6 | 10,8 | 16,9 | - | 137,4 | 40,7 | 1,8 | 212,0 | 0,5 | 0,0 | - |
| 1978 | 472,1 | 202,4 | + 1,4 | 17,6 | - | 140,9 | 42,7 | 2,6 | 212,6 | 57,0 | 0,0 | - |
| 1979 | 537,0 | 227,4 | + 0,5 | 15,8 | - | 162,5 | 43,8 | 5,8 | 247,1 | 59,9 | 0,0 | 2,6 |

Quelle: siehe TAB. 1.

TAB. 83: AUSGABEN DES LANDES HAMBURG UND DER GEMEINDEN/GV. FÜR DAS VERKEHRS- UND NACHRICHTENWESEN NACH AUFGABENBEREICHEN (in %)

| Jahr | Insgesamt | Straßen einschl. Verwaltung | | | | | | | Wasserstr. und Häfen einschl. Verw. | Schienenverkehr | Luftfahrt | Sonst. Verkehrs- und Nachrichtenwesen |
|---|---|---|---|---|---|---|---|---|---|---|---|---|
| | | Zusammen | Bundesautobahnen | Bundes-u. Landesstr. | Kreisstraßen | Gemeindestraßen | Verwaltung | Sonst. | | | | |
| 1970 | 100 | 43,4 | 10,5 | 3,7 | - | 23,6 | 5,6 | 0,0 | 43,5 | 13,0 | 0,0 | - |
| 1971 | 100 | 42,2 | 8,3 | 2,7 | - | 25,0 | 6,2 | 0,0 | 38,3 | 19,5 | 0,0 | - |
| 1972 | 100 | 38,0 | 8,8 | 1,6 | - | 20,9 | 6,6 | - | 46,4 | 15,6 | 0,0 | - |
| 1973 | 100 | 47,3 | 11,7 | 2,3 | - | 24,9 | 8,3 | - | 46,1 | 6,6 | 0,0 | 0,0 |
| 1974 | 100 | 48,4 | 8,0 | 3,0 | - | 29,9 | 7,4 | 0,1 | 46,1 | 5,5 | 0,0 | - |
| 1975 | 100 | 43,4 | 7,0 | 1,7 | - | 27,5 | 7,2 | 0,1 | 42,5 | 14,0 | 0,0 | - |
| 1976 | 100 | 52,3 | 5,4 | 3,8 | - | 33,3 | 9,3 | 0,6 | 53,8 | 6,1 | 0,0 | - |
| 1977 | 100 | 49,4 | 2,6 | 4,0 | - | 32,7 | 9,7 | 0,4 | 50,5 | 0,1 | 0,0 | - |
| 1978 | 100 | 42,9 | 0,3 | 3,7 | - | 29,8 | 9,0 | 0,6 | 45,0 | 12,1 | 0,0 | - |
| 1979 | 100 | 42,3 | 0,1 | 2,9 | - | 30,3 | 8,2 | 1,1 | 46,0 | 11,2 | 0,0 | 0,5 |

Quelle: siehe TAB. 1 und eigene Berechnungen.

TAB. 84: AUSGABEN DES LANDES HAMBURG UND DER GEMEINDEN/GV. FÜR DAS VERKEHRS- UND NACHRICHTENWESEN NACH AUFGABENBEREICHEN (DM je Einwohner)

| Jahr | Insgesamt | Straßen einschl. Verwaltung: Zusammen | Bundes-autobahnen | Bundes-u. Landesstr. | Kreis-straßen | Gemeinde-straßen | Ver-waltung | Sonst. | Wasserstr. und Häfen einschl. Verw. | Schienen-verkehr | Luft-fahrt | Sonst. Ver-kehrs- und Nachrichten-wesen |
|---|---|---|---|---|---|---|---|---|---|---|---|---|
| 1970 | 247,30 | 107,43 | 25,87 | 9,27 | - | 58,41 | 13,95 | 0,00 | 107,66 | 32,21 | 0,0 | - |
| 1971 | 271,94 | 114,78 | 22,53 | 7,44 | - | 67,99 | 16,77 | 0,06 | 104,10 | 53,06 | 0,0 | - |
| 1972 | 277,99 | 105,56 | 24,47 | 4,51 | - | 58,08 | 18,49 | - | 128,96 | 43,53 | 0,0 | 0,0 |
| 1973 | 250,21 | 118,36 | 29,31 | 5,75 | - | 62,42 | 20,83 | - | 115,34 | 16,50 | 0,0 | 0,0 |
| 1974 | 305,38 | 147,90 | 24,45 | 9,18 | - | 91,20 | 22,73 | 0,4 | 140,84 | 16,64 | 0,0 | - |
| 1975 | 316,65 | 137,49 | 22,02 | 5,27 | - | 87,03 | 22,95 | 0,23 | 134,71 | 44,44 | 0,0 | - |
| 1976 | 240,49 | 125,87 | 13,06 | 9,02 | - | 80,01 | 22,37 | 1,41 | 129,38 | 14,70 | 0,0 | - |
| 1977 | 248,88 | 122,99 | 6,40 | 10,01 | - | 81,40 | 24,11 | 1,07 | 125,59 | 0,30 | 0,0 | - |
| 1978 | 282,31 | 121,03 | + 0,84 | 10,52 | - | 84,26 | 25,53 | 1,55 | 127,13 | 34,09 | 0,0 | - |
| 1979 | 323,87 | 137,15 | + 0,30 | 9,53 | - | 98,00 | 26,42 | 3,50 | 149,03 | 36,13 | 0,0 | 1,57 |

Quelle: siehe TAB. 1.

TAB. 85: AUSGABEN DES LANDES HAMBURG UND DER GEMEINDEN/GV. FÜR DAS VERKEHRS- UND NACHRICHTENWESEN NACH AUFGABENBEREICHEN (Anteile der Körperschaften in %)

| Jahr | Insgesamt | Straßen einschl. Verwaltung | Wasserstraßen und Häfen einschl. Verw. | Schienen-verkehr | Luftfahrt | Sonst. Verkehrs- und Nachrichten-wesen |
|---|---|---|---|---|---|---|
| 1970 | 2,5 | 1,3 | 17,5 | 10,2 | 0,0 | 0,0 |
| 1971 | 2,5 | 1,3 | 14,3 | 10,6 | 0,0 | 0,0 |
| 1972 | 2,4 | 1,1 | 15,9 | 5,3 | 0,0 | 0,0 |
| 1973 | 2,0 | 1,2 | 13,9 | 2,0 | 0,0 | 0,0 |
| 1974 | 2,3 | 1,5 | 12,5 | 1,5 | 0,0 | 0,0 |
| 1975 | 2,3 | 1,4 | 10,5 | 3,3 | 0,0 | 0,0 |
| 1976 | 1,8 | 1,3 | 10,0 | 1,2 | 0,0 | 0,0 |
| 1977 | 1,7 | 1,2 | 8,9 | 0,0 | 0,0 | 0,0 |
| 1978 | 1,8 | 1,0 | 8,1 | 2,3 | 0,0 | 0,0 |
| 1979 | 1,7 | 1,0 | 9,5 | 1,9 | 0,0 | 0,1 |

Quelle: siehe TAB. 1 und eigene Berechnungen.

TAB. 86: AUSGABEN DES LANDES BREMEN UND DER GEMEINDEN/GV. FÜR DAS VERKEHRS- UND NACHRICHTENWESEN NACH AUFGABENBEREICHEN (in Mill. DM)

| Jahr | Insgesamt | Straßen einschl. Verwaltung: Zusammen | Bundes-autobahnen | Bundes-u. Landesstr. | Kreis-straßen | Gemeinde-straßen | Ver-waltung | Sonst. | Wasserstr. und Häfen einschl. Verw. | Schienen-verkehr | Luft-fahrt | Sonst. Verkehrs- und Nachrichten-wesen |
|---|---|---|---|---|---|---|---|---|---|---|---|---|
| 1970 | 66,1 | 54,3 | - | + 1,4 | - | 42,3 | 11,4 | 2,0 | 3,9 | 1,9 | 0,0 | 6,1 |
| 1971 | 78,3 | 62,9 | - | 0,5 | - | 48,7 | 12,7 | 1,1 | 4,8 | 1,9 | 0,0 | 8,6 |
| 1972 | 75,5 | 58,5 | - | 1,1 | - | 42,9 | 13,4 | 1,1 | 5,8 | 2,0 | 0,0 | 9,1 |
| 1973 | 87,4 | 71,4 | - | 1,3 | - | 54,3 | 15,2 | 0,7 | 5,1 | 0,2 | 0,2 | 10,5 |
| 1974 | 96,5 | 80,0 | - | 1,3 | - | 57,5 | 18,8 | 2,4 | 3,9 | + 0,1 | 0,2 | 12,6 |
| 1975 | 123,7 | 98,4 | - | 1,2 | - | 73,0 | 20,5 | 3,7 | 13,0 | 0,2 | 0,2 | 11,9 |
| 1976 | 98,2 | 73,3 | - | 0,4 | - | 49,8 | 20,9 | 2,2 | 9,3 | 0,2 | 0,2 | 15,0 |
| 1977 | 99,3 | 86,3 | - | 1,3 | - | 63,5 | 20,3 | 1,1 | 9,5 | 0,5 | 0,4 | 11,5 |
| 1978 | 135,4 | 109,1 | - | 4,1 | - | 82,2 | 22,5 | 0,3 | 9,7 | 0,3 | 0,5 | 15,7 |
| 1979 | 108,0 | 98,2 | - | 3,1 | - | 70,5 | 22,2 | 2,4 | + 9,8 | 0,3 | 0,6 | 18,6 |

Quelle: siehe TAB. 1.

TAB. 87: AUSGABEN DES LANDES BREMEN UND DER GEMEINDEN/GV. FÜR DAS VERKEHRS- UND NACHRICHTENWESEN NACH AUFGABENBEREICHEN (in %)

| Jahr | Insgesamt | Straßen einschl. Verwaltung: Zusammen | Bundes-autobahnen | Bundes-u. Landesstr. | Kreis-straßen | Gemeinde-straßen | Ver-waltung | Sonst. | Wasserstr. und Häfen einschl. Verw. | Schienen-verkehr | Luft-fahrt | Sonst. Verkehrs- und Nachrichten-wesen |
|---|---|---|---|---|---|---|---|---|---|---|---|---|
| 1970 | 100 | 82,1 | - | 2,1 | - | 64,0 | 17,2 | 3,0 | 5,9 | 2,9 | 0,0 | 9,2 |
| 1971 | 100 | 95,2 | - | 0,8 | - | 73,7 | 19,2 | 1,7 | 7,3 | 2,9 | 0,0 | 13,0 |
| 1972 | 100 | 77,5 | - | 1,5 | - | 56,8 | 17,7 | 1,5 | 7,7 | 2,6 | 0,0 | 12,1 |
| 1973 | 100 | 81,7 | - | 1,5 | - | 62,1 | 17,4 | 0,8 | 5,8 | 0,2 | 0,2 | 12,0 |
| 1974 | 100 | 82,9 | - | 1,3 | - | 59,6 | 19,5 | 2,5 | 4,0 | 0,1 | 0,2 | 13,1 |
| 1975 | 100 | 79,5 | - | 1,0 | - | 59,0 | 16,6 | 3,0 | 10,5 | 0,2 | 0,2 | 9,6 |
| 1976 | 100 | 74,6 | - | 0,4 | - | 50,7 | 21,3 | 2,2 | 9,5 | 0,2 | 0,2 | 15,3 |
| 1977 | 100 | 86,9 | - | 1,3 | - | 63,9 | 20,4 | 1,1 | 9,7 | 0,5 | 0,4 | 11,7 |
| 1978 | 100 | 80,6 | - | 3,0 | - | 60,7 | 16,6 | 0,2 | 7,2 | 0,2 | 0,4 | 11,6 |
| 1979 | 100 | 90,9 | - | 2,9 | - | 65,3 | 20,6 | 2,2 | 9,1 | 0,3 | 0,6 | 17,2 |

Quelle: siehe TAB. 1 und eigene Berechnungen.

TAB. 88: AUSGABEN DES LANDES BREMEN UND DER GEMEINDEN/GV. FÜR DAS VERKEHRS- UND NACHRICHTENWESEN NACH AUFGABENBEREICHEN (DM je Einwohner)

| Jahr | Insgesamt | Straßen einschl. Verwaltung | | | | | | | Wasserstr. und Häfen einschl.Verw. | Schienen-verkehr | Luft-fahrt | Sonst.Ver-kehrs- und Nachrichten-wesen |
|---|---|---|---|---|---|---|---|---|---|---|---|---|
| | | Zusammen | Bundes-autobahnen | Bundes-u. Landesstr. | Kreis-straßen | Gemeinde-straßen | Ver-waltung | Sonst. | | | | |
| 1970 | 87,29 | 71,71 | - | +1,35 | - | 55,86 | 15,05 | 2,64 | 5,15 | 2,51 | 0,00 | 8,06 |
| 1971 | 106,17 | 85,29 | - | 0,68 | - | 66,03 | 17,22 | 1,49 | 6,51 | 2,58 | 0,00 | 11,66 |
| 1972 | 102,51 | 79,43 | - | 1,50 | - | 58,25 | 18,19 | 1,49 | 7,87 | 2,72 | 0,00 | 12,36 |
| 1973 | 119,50 | 97,62 | - | 1,78 | - | 74,24 | 20,78 | 0,96 | 6,97 | 0,27 | 0,27 | 14,36 |
| 1974 | 132,86 | 110,14 | - | 1,79 | - | 79,16 | 25,88 | 3,30 | 5,37 | +0,14 | 0,28 | 17,35 |
| 1975 | 171,54 | 136,46 | - | 1,66 | - | 101,24 | 28,43 | 5,13 | 18,03 | 0,28 | 0,28 | 16,50 |
| 1976 | 137,65 | 102,75 | - | 0,56 | - | 69,80 | 29,30 | 3,08 | 13,04 | 0,28 | 0,28 | 21,03 |
| 1977 | 140,56 | 122,15 | - | 1,84 | - | 89,88 | 28,73 | 1,56 | 0,71 | 0,71 | 0,57 | 16,28 |
| 1978 | 193,20 | 155,67 | - | 5,85 | - | 117,29 | 32,10 | 0,43 | 13,84 | 0,43 | 0,71 | 22,40 |
| 1979 | 155,02 | 140,96 | - | 4,45 | - | 101,20 | 31,87 | 3,44 | +14,07 | 0,43 | 0,86 | 26,70 |

Quelle: siehe TAB. 1.

TAB. 89: AUSGABEN DES LANDES BREMEN UND DER GEMEINDEN/GV. FÜR DAS VERKEHRS- UND NACHRICHTENWESEN NACH AUFGABENBEREICHEN (Anteile der Körperschaften in %)

| Jahr | Insgesamt | Straßen einschl. Verwaltung | Wasserstraßen und Häfen einschl. Verw. | Schienen-verkehr | Luftfahrt | Sonst. Verkehrs- und Nachrichten-wesen |
|---|---|---|---|---|---|---|
| 1970 | 0,4 | 0,4 | 0,3 | 0,3 | 0,0 | 0,9 |
| 1971 | 0,4 | 0,4 | 0,4 | 0,2 | 0,0 | 0,9 |
| 1972 | 0,4 | 0,4 | 0,4 | 0,1 | 0,0 | 1,1 |
| 1973 | 0,4 | 0,4 | 0,3 | 0,0 | 0,0 | 1,3 |
| 1974 | 0,4 | 0,5 | 0,2 | 0,0 | 0,0 | 1,3 |
| 1975 | 0,5 | 0,6 | 0,6 | 0,0 | 0,0 | 1,1 |
| 1976 | 0,4 | 0,4 | 0,4 | 0,0 | 0,0 | 1,2 |
| 1977 | 0,4 | 0,5 | 0,4 | 0,0 | 0,1 | 0,9 |
| 1978 | 0,5 | 0,5 | 0,4 | 0,0 | 0,1 | 1,2 |
| 1979 | 0,4 | 0,4 | 0,4 | 0,0 | 0,1 | 0,9 |

Quelle: siehe TAB. 1 und eigene Berechnungen.

mal anhand der Pro-Einwohner-Ausgaben identifiziert. Es zeigt sich im Jahr 1979 für Bremen ein über dem Bundesdurchschnitt liegender Wert in den Bereichen Verwaltung und sonstiges Verkehrs- und Nachrichtenwesen. Die Anteilswerte gemäß TAB. 89 an den Ausgaben aller Bundesländer und ihrer Gemeinden für den Verkehrs- und Nachrichtenbereich sind hingegen für alle Ausgabenbereiche unterdurchschnittlich.

k. Berlin (West)

Die Ausgaben der Stadt Berlin für das Verkehrs- und Nachrichtenwesen im Zeitraum 1970 - 1979 weist TAB. 90 aus. Die höchsten Steigerungen des Ausgabenvolumens zeigen sich in den Bereichen Schienenverkehr (3.850 %), Wasserstraßen (431,6 %) und Sonstiges (275 %). Die Entwicklung des Ausgabenvolumens im Bereich sonstiges Verkehrs- und Nachrichtenwesen ging um 84,6 % zurück. Für die Bereiche Bundes- und Landesstraßen sowie Kreisstraßen sind keine Ausgaben bzw. nur zu Beginn des Untersuchungszeitraums angefallen. Aus TAB. 91 geht der Bereich Straßen und in diesem Bereich wiederum die Position Gemeindestraßen als Ausgabenschwerpunkt hervor. TAB. 92 verdeutlicht die Verteilung der Ausgaben auf die einzelnen Ausgabenbereiche anhand der Pro-Einwohner-Ausgaben. Diese Werte liegen 1979 für die Bereiche Gemeindestraßen, Verwaltung, Luftfahrt und sonstiges Verkehrs- und Nachrichtenwesen über dem Bundesdurchschnitt. Genau im Durchschnitt befindet sich der Wert für den Bereich Schienenverkehr. Die Anteile der einzelnen Aufgabenbereiche an den gesamten Ausgaben der Bundesländer und ihrer Gemeinden für diese Bereiche liegen alle unterhalb des Durchschnitts (vgl. TAB. 93).

l. Zusammenfassung

In TAB. 94 erfolgt eine kurze Zusammenfassung der Analyse der Verkehrs- und Nachrichtenausgaben in den zehn Bundesländern und West-Berlin. Die Ergebnisse sind auf die vier Kriterien Ausgabenschwerpunkt, Anteil an den gesamten Ausgaben für Verkehrs- und Nachrichtenwesen, Pro-Einwohner-Ausgaben für Verkehrs- und Nachrichtenwesen, Bereich der höchsten Steigerung des Ausgabenvolumens komprimiert. Die Werte für die Kriterien zwei und drei beziehen sich auf das Jahr 1979. Als Ausgabenschwerpunkt hat sich in fast allen Bundesländern der Bereich Straße mit der Position Gemeindestraßen herauskristallisiert. Lediglich für Hamburg gibt es eine Abweichung von dieser Regel. In Hamburg ist der Bereich Wasserstraßen Ausgabenschwerpunkt. Mit leichtem Abstand folgt der Bereich

TAB. 90: AUSGABEN DES LANDES BERLIN (WEST) UND DER GEMEINDEN/GV. FÜR DAS VERKEHRS- UND NACHRICHTENWESEN NACH AUSGABENBEREICHEN (in Mill. DM)

| Jahr | Insgesamt | Straßen einschl. Verwaltung | | | | | | | Wasserstr. und Häfen einschl. Verw. | Schienen-verkehr | Luft-fahrt | Sonst. Ver-kehrs- und Nachrichten-wesen |
|---|---|---|---|---|---|---|---|---|---|---|---|---|
| | | Zusammen | Bundes-autobahnen | Bundes-u. Landesstr. | Kreis-straßen | Gemeinde-straßen | Ver-waltung | Sonst. | | | | |
| 1970 | 235,4 | 192,9 | - | +0,1 | - | 157,9 | 34,3 | 0,8 | 1,9 | 1,2 | - | 39,5 |
| 1971 | 253,3 | 209,5 | - | +0,9 | - | 167,6 | 41,5 | 1,4 | 0,2 | 0,9 | - | 42,8 |
| 1972 | 230,1 | 222,9 | + 0,1 | +1,4 | - | 176,0 | 46,8 | 1,5 | 3,9 | 1,1 | 0,1 | 2,1 |
| 1973 | 228,3 | 224,4 | + 3,2 | - | - | 170,5 | 55,8 | 1,2 | 1,4 | 2,0 | 0,2 | 0,3 |
| 1974 | 314,0 | 305,5 | + 1,4 | - | - | 231,9 | 66,6 | 8,5 | 1,7 | 4,4 | 1,4 | 0,9 |
| 1975 | 323,4 | 308,8 | 1,6 | - | - | 228,1 | 70,7 | 11,6 | 2,1 | 4,6 | 4,9 | 3,0 |
| 1976 | 334,1 | 317,3 | 35,3 | - | - | 267,6 | 71,9 | 13,1 | 2,6 | 3,7 | 7,2 | 3,3 |
| 1977 | 399,7 | 316,0 | 0,7 | - | - | 239,9 | 74,2 | 1,2 | 5,7 | 67,6 | 6,7 | 3,7 |
| 1978 | 401,9 | 324,8 | 0,3 | - | - | 244,9 | 72,8 | 6,6 | 9,8 | 52,9 | 10,5 | 3,9 |
| 1979 | 403,6 | 333,2 | 0,8 | - | - | 250,1 | 79,2 | 3,0 | 10,1 | 47,4 | 6,9 | 6,1 |

Quelle: siehe TAB. 1.

TAB. 91: AUSGABEN DES LANDES BERLIN (WEST) UND DER GEMEINDEN/GV. FÜR DAS VERKEHRS- UND NACHRICHTENWESEN NACH AUFGABENBEREICHEN (in %)

| Jahr | Insgesamt | Straßen einschl. Verwaltung | | | | | | | Wasserstr. und Häfen einschl. Verw. | Schienen-verkehr | Luft-fahrt | Sonst. Ver-kehrs- und Nachrichten-wesen |
|---|---|---|---|---|---|---|---|---|---|---|---|---|
| | | Zusammen | Bundes-autobahnen | Bundes-u. Landesstr. | Kreis-straßen | Gemeinde-straßen | Ver-waltung | Sonst. | | | | |
| 1970 | 100 | 81,9 | - | 0,0 | - | 67,1 | 14,6 | 0,3 | 0,8 | 0,5 | - | 16,8 |
| 1971 | 100 | 82,7 | - | 0,4 | - | 66,2 | 16,4 | 0,6 | 0,1 | 0,4 | - | 16,9 |
| 1972 | 100 | 96,9 | 0,0 | 0,6 | - | 76,5 | 20,3 | 0,7 | 1,7 | 0,5 | 0,0 | 0,9 |
| 1973 | 100 | 98,3 | 1,4 | - | - | 74,7 | 24,4 | 0,5 | 0,6 | 0,9 | 0,1 | 0,1 |
| 1974 | 100 | 97,3 | 0,4 | - | - | 73,9 | 21,2 | 2,7 | 0,5 | 1,4 | 0,4 | 0,3 |
| 1975 | 100 | 95,5 | 0,5 | - | - | 70,5 | 21,9 | 3,5 | 0,6 | 1,4 | 1,5 | 0,9 |
| 1976 | 100 | 95,0 | 10,6 | - | - | 80,1 | 21,5 | 3,9 | 0,8 | 1,1 | 2,2 | 1,0 |
| 1977 | 100 | 79,1 | 0,2 | - | - | 60,0 | 18,6 | 0,3 | 1,4 | 16,9 | 1,7 | 0,9 |
| 1978 | 100 | 80,8 | 0,1 | - | - | 60,9 | 18,1 | 1,6 | 2,4 | 13,2 | 2,6 | 1,0 |
| 1979 | 100 | 82,6 | 0,2 | - | - | 62,0 | 19,6 | 0,7 | 2,5 | 11,7 | 1,7 | 1,5 |

Quelle: siehe TAB. 1 und eigene Berechnungen.

TAB. 92: AUSGABEN DES LANDES BERLIN (WEST) UND DER GEMEINDEN/GV. FÜR DAS VERKEHRS- UND NACHRICHTENWESEN NACH AUFGABENBEREICHEN (DM je Einwohner)

| Jahr | Insgesamt | Straßen einschl. Verwaltung: Zusammen | Bundes-autobahnen | Bundes-u. Landesstr. | Kreis-straßen | Gemeinde-straßen | Ver-waltung | Sonst. | Wasserstr. und Häfen einschl. Verw. | Schienen-verkehr | Luft-fahrt | Sonst. Ver-kehrs- und Nachrichten-wesen |
|---|---|---|---|---|---|---|---|---|---|---|---|---|
| 1970 | 110,57 | 90,61 | - | +0,05 | - | 74,17 | 16,11 | 0,38 | 0,89 | 0,56 | - | 18,55 |
| 1971 | 120,74 | 99,86 | - | +0,43 | - | 79,89 | 19,78 | 0,67 | 0,10 | 0,43 | - | 20,40 |
| 1972 | 111,02 | 107,55 | 0,05 | 0,68 | - | 84,92 | 22,58 | 0,72 | 1,88 | 0,53 | 0,05 | 1,01 |
| 1973 | 111,22 | 109,32 | + 1,56 | - | - | 83,06 | 27,18 | 0,58 | 0,68 | 0,97 | 0,10 | 0,15 |
| 1974 | 154,48 | 150,30 | + 0,69 | - | - | 114,09 | 32,77 | 4,18 | 0,84 | 2,16 | 0,69 | 0,44 |
| 1975 | 161,38 | 154,09 | + 0,80 | - | - | 113,82 | 35,28 | 5,79 | 1,05 | 2,30 | 2,45 | 1,50 |
| 1976 | 169,88 | 161,34 | 17,95 | - | - | 136,06 | 36,56 | 6,66 | 1,32 | 1,88 | 3,66 | 1,68 |
| 1977 | 136,53 | 163,12 | 0,36 | - | - | 123,83 | 38,30 | 0,62 | 2,94 | 34,89 | 3,46 | 1,91 |
| 1978 | 209,58 | 169,37 | 0,16 | - | - | 127,71 | 37,96 | 3,44 | 5,11 | 27,59 | 5,48 | 2,03 |
| 1979 | 211,94 | 174,97 | 0,42 | - | - | 131,34 | 41,59 | 1,58 | 5,30 | 24,89 | 3,62 | 3,20 |

Quelle: siehe TAB. 1.

TAB. 93: AUSGABEN DES LANDES BERLIN (WEST) UND DER GEMEINDEN/GV. FÜR DAS VERKEHRS- UND NACHRICHTENWESEN NACH AUFGABENBEREICHEN (Anteile der Körperschaften in %)

| Jahr | Insgesamt | Straßen einschl. Verwaltung | Wasserstraßen und Häfen einschl. Verw. | Schienen-verkehr | Luftfahrt | Sonst. Verkehrs- und Nachrichten-wesen |
|---|---|---|---|---|---|---|
| 1970 | 1,3 | 1,3 | 0,2 | 0,2 | 0,0 | 5,6 |
| 1971 | 1,3 | 1,3 | 0,0 | 0,1 | 0,0 | 4,5 |
| 1972 | 1,1 | 1,3 | 0,3 | 0,1 | 0,0 | 0,2 |
| 1973 | 1,1 | 1,3 | 0,1 | 0,1 | 0,0 | 0,0 |
| 1974 | 1,4 | 1,7 | 0,1 | 0,2 | 0,3 | 0,1 |
| 1975 | 1,4 | 1,8 | 0,1 | 0,2 | 1,0 | 0,3 |
| 1976 | 1,4 | 1,8 | 0,1 | 0,2 | 1,6 | 0,3 |
| 1977 | 1,1 | 1,8 | 0,2 | 3,1 | 1,4 | 0,3 |
| 1978 | 1,5 | 1,6 | 0,4 | 2,1 | 2,2 | 0,3 |
| 1979 | 1,3 | 1,5 | 0,4 | 1,5 | 1,3 | 0,3 |

Quelle: siehe TAB. 1 und eigene Berechnungen.

TAB. 94: ÜBERBLICK DER AUSGABENSITUATION DER BUNDESLÄNDER IM BEREICH VERKEHRS- UND NACHRICHTENWESEN (V + N)

| Land | Ausgaben-schwerpunkt | Anteil an Ausgaben für V+N in % (1979) | Pro-Einwohner-Ausgaben für V+N in DM (1979) | Bereich mit der höchsten Steigerung des Ausgaben-volumens |
|---|---|---|---|---|
| Schleswig-Holstein | Str./GemStr. | 2,1 | 243,47 | Schienenverkehr SV |
| Niedersachsen | Str./GemStr. | 5,8 | 244,74 | Schienenverkehr SV |
| Nordrhein-Westfalen | Str./GemStr. | 13,1 | 237,42 | Schienenverkehr SV |
| Hessen | Str./GemStr. | 4,4 | 244,56 | Luftfahrt LV |
| Rheinland-Pfalz | Str./GemStr. | 3,7 | 310,19 | Schienenverkehr SV |
| Baden-Württemberg | Str./GemStr. | 8,7 | 292,88 | Schienenverkehr SV |
| Bayern | Str./GemStr. | 10,8 | 304,79 | Schienenverkehr SV |
| Saarland | Str./GemStr. | 0,8 | 223,48 | Schienenverkehr SV |
| Hamburg | Wasserstr. + Str./GemStr. | 1,7 | 323,87 | Sonstiges S |
| Bremen | Str./GemStr. | 0,4 | 155,02 | Sonstiges Verkehrs- u.Nachrichtenwesen V+N |
| Berlin (West) | Str./GemStr. | 1,3 | 211,94 | Schienenverkehr SV |

Quelle: TAB. 46 - 93.

Straße. Die Anteile der Länder an den gesamten Ausgaben für Verkehrs- und Nachrichtenwesen schwanken von 0,4 % bis 13,1 %. Den größten Anteil haben Nordrhein-Westfalen und Bayern. Die Unterschiede in den Anteilswerten begründen sich aus der unterschiedlichen Fläche der Länder und den entsprechenden Unterschieden im Umfang des Verkehrs- und Nachrichtenwesens. Die Pro-Einwohner-Ausgaben für Verkehrs- und Nachrichtenwesen schwanken aus den gleichen Gründen zwischen 155,02 DM (Bremen) und 323,87 DM (Hamburg). Das heißt, es bestehen im Pro-Einwohner-Ausgabenvolumen in den einzelnen Bundesländern Abweichungen die rund 100 % betragen. Der Bereich mit der höchsten Steigerung des Augabenvolumens ist in fast allen Bundesländern der Schienenverkehr, in Hessen weist die Luftfahrt, in Hamburg der Bereich Sonstiges und in Bremen das sonstige Verkehrs- und Nachrichtenwesen die höchste Steigerung des Ausgabenvolumens auf. Damit ergeben sich zwar im Ausgabenvolumen bezogen auf die Einwohner und bezüglich der Anteile an den gesamten Ausgaben für das Verkehrs- und Nachrichtenwesen erhebliche Unterschiede zwischen den einzelnen Bundesländern, bezüglich des Ausgabenschwerpunktes und der Steigerung des Ausgabenvolumens ist hingegen eine relative Gleichentwicklung festzustellen.

## 5. DER ZUKÜNFTIGE FINANZBEDARF DES BUNDES FÜR VERKEHRSINVESTITIONEN

Der Finanzbedarf des Bundes für geplante Verkehrsinvestitionen kann aus den Finanzberichten des Bundesfinanzministeriums und aus dem Bundesverkehrswegeplan des Bundesverkehrsministeriums entnommen werden. Die Finanzberichte 1982 und 1983[13] beziehen sich auf den Zeitraum 1981 - 1986, während der Bundesverkehrswegeplan '80[14] die Daten für 1981 - 1990 ausweist.

Die Daten der Finanzberichte 1982 und 1983 sind in TAB. 95 zusammengefaßt. Es zeigt sich bis 1986 eine stetige Abnahme des Anteils der Verkehrs- und Nachrichtenausgaben an den gesamten Ausgaben des Bundes. Die absolute Höhe der Verkehrs- und Nachrichtenausgaben sinkt zwar auch, jedoch nicht stetig.

TAB. 95: GEPLANTE AUSGABEN DES BUNDES FÜR DAS VERKEHRS- UND NACHRICHTENWESEN

| | 1981 | 1982 | 1983 | 1984 | 1985 | 1986 |
|---|---|---|---|---|---|---|
| | | | - Mrd. DM - | | | |
| insgesamt | 26,44 | 26,14 | 26,15 | 25,56 | 25,65 | 25,29 |
| Davon entfallen auf: | | | | | | |
| - Deutsche Bundesbahn | 12,89 | 13,15 | 13,26 | 12,86 | 13,11 | 12,82 |
| - Bundesfernstraßenbau | 6,36 | 6,12 | 6,35 | 6,46 | 6,46 | |
| - Verbesserung der Verkehrsverhältnisse der Gemeinden | 2,77 | 2,69 | 2,64 | 2,48 | 2,47 | 2,47 |
| - Wasserstraßen, Förderung der Schiffahrt | 1,96 | 1,84 | 1,92 | 1,94 | 1,89 | 1,84 |
| - Luftfahrt | 0,62 | 0,62 | 0,67 | 0,73 | 0,70 | 0,69 |
| - Sonstige Maßnahmen | 1,86 | 1,79 | 1,52 | 1,48 | 1,42 | 1,42 |
| Bundesausgaben insgesamt | 231,16 | 245,74 | 250,5 | 258,0 | 266,0 | 278,0 |
| Anteil der Ausgaben für Verkehrs- und Nachrichtenwesen in % | 11,44 | 10,64 | 10,44 | 9,91 | 9,64 | 9,1 |

Quelle: BUNDESMINISTERIUM DER FINANZEN (Hrsg.): Finanzbericht 1982, Bonn 1981, S. 62, 79; ders.: Finanzbericht 1983, Bonn 1982, S. 59, 72 und eigene Berechnungen.

Das Bundesministerium für Verkehr geht von den folgenden Verkehrswegeinvestitionen aus:[15]

1981 - 1985 71,2 Mrd. DM

1986 - 1990 78,4 Mrd. DM

Insgesamt ist für den Zeitraum 1981 - 1990 ein Investitionsvolumen von 149,6 Mrd. DM geplant. Die Investitionsquote soll bis 1983 auf 52 % gesteigert und bei diesem Wert stabilisiert werden. Die Aufteilung des Investitionsvolumens auf die einzelnen Aufgabenbereiche geht aus TAB. 96 hervor.

TAB. 96: AUFTEILUNG DES INVESTITIONSVOLUMENS FÜR 1981 - 1990 AUF DIE AUFGABENBEREICHE

| | Investitionen 1981 - 1990 | | Vergleichszahlen[1] 1971 - 1980 (vsl.Ist) | | 1976 - 1985 (Stand 31.8.1979) | |
|---|---|---|---|---|---|---|
| | Mrd. DM | % | Mrd. DM | % | Mrd. DM | % |
| Deutsche Bundesbahn | 43,6 | 29,1 | 16,4 | 16,4 | 33,9 | 26,2 |
| davon: - Neubaustrecken, Ausbaustrecken, Rangierbahnhöfe | 18,4 | | | | | |
| Bundesfernstraßen | 63,4 | 42,4 | 53,1 | 53,2 | 58,1 | 44,9 |
| davon: - Hauptbautitel (Bedarfsplan) | 43,0 | | | | | |
| - Sonstige Investitionen | 20,4 | | | | | |
| Bundeswasserstraßen | 8,5 | 5,7 | 5,9 | 5,9 | 7,7 | 5,9 |
| davon: - Binnenschiffahrtsstraßen | 6,2 | | | | | |
| - Seeschiffahrtsstraßen | 2,3 | | | | | |
| Luftfahrt (Flugsicherung und Bundesbeteiligung an Flughäfen) | 1,9 | 1,3 | 1,5 | 1,5 | 1,9 | 1,5 |
| GVFG-Finanzhilfen | 28,8 | 19,2 | 20,1 | 20,1 | 24,2 | 18,7 |
| davon: - ÖPNV | 14,4 | | | | | |
| - Kommunaler Straßenbau | 14,4 | | | | | |
| Sonstiges | 3,4 | 2,3 | | | | |
| - Wetterdienst, DLH, Neubauhilfen für die Seeschiffahrt etc. | | | 2,9 | 2,9 | 3,7 | 2,8 |
| Insgesamt | 149,6 | 100 | 99,9 | 100 | 129,5 | 100 |

1) einschl. Programm für Zukunftsinvestitionen (ZIP).

Quelle: BUNDESMINISTER FÜR VERKEHR: Bundesverkehrswegeplan '80, Bonn o.J., S. 16.

Die Klassifikation der Investitionen als Erweiterungs- oder Ersatzinvestitionen[15] und die entsprechende Aufschlüsselung auf die einzelnen Aufgabenbereiche veranschaulicht TAB. 97.

TAB. 97: KLASSIFIKATION DER INVESTITIONEN 1981 - 1990

| | Investitionen 1981 - 1990 | | Vergleichszahlen 1971 - 1980 (vsl.Ist) | | Vergleichszahlen 1976 - 1985 (Stand 31.8.1979) | |
|---|---|---|---|---|---|---|
| | Mrd. DM | % | Mrd. DM | % | Mrd. DM | % |
| Deutsche Bundesbahn | (43,6) | (100) | (16,4) | (100) | (33,9) | (100) |
| - Erweiterungsinvestitionen | 16,8 | 38,5 | 1,2 | 7,3 | 6,1 | 18,0 |
| - Ersatz etc. | 26,8 | 61,5 | 15,2 | 92,7 | 27,8 | 82,0 |
| Bundesfernstraßen | (63,4) | (100) | (53,1) | (100) | (58,1) | (100) |
| - Erweiterungsinvestitionen[1)] | 34,4 | 54,3 | 33,5 | 63,1 | 33,1 | 57,0 |
| - Ersatz etc. | 29,0 | 45,7 | 19,6 | 36,9 | 25,0 | 43,0 |
| Bundeswasserstraßen | (8,5) | (100) | (5,9) | (100) | (7,7) | (100) |
| - Erweiterungsinvestitionen | 3,8 | 44,7 | 3,2 | 54,2 | 4,1 | 53,2 |
| - Ersatz etc. | 4,7 | 55,3 | 2,7 | 45,8 | 3,6 | 46,8 |
| Luftfahrt | (1,9) | (100) | (1,5) | (100) | (1,9) | (100) |
| - Erweiterungsinvestitionen | 0,9 | 47,4 | 1,05 | 70 | 0,95 | 50 |
| - Ersatz etc. | 1,0 | 52,6 | 0,45 | 30 | 0,95 | 50 |

1) einschl. Lärmschutz an neuen Straßen.

Quelle: BUNDESMINISTER FÜR VERKEHR: Bundesverkehrswegeplan '80, S. 17.

## III. ALTERNATIVE FORMEN DER FINANZIERUNG VON VERKEHRSINVESTITIONEN

Die Durchführung von Verkehrsinfrastrukturinvestitionen erfordert die Sicherstellung der Finanzierung. Hierzu stehen den Trägern verschiedene Möglichkeiten offen, die im folgenden kurz darzustellen sind. Auf eine Diskussion der Problemzusammenhänge kann verzichtet werden. Sie sind in der finanzwissenschaftlichen[16] und betriebswirtschaftlichen Literatur[17] zur Finanzierung behandelt. Ebenso wird auf die Darstellung der in der Verkehrspolitik praktizierten Formen der Finanzierung von Verkehrsinvestitionen verzichtet. Diesbezüglich ist auf die verkehrswissenschaftliche Literatur[18] zu verweisen.

### 1. ABGABENWIRTSCHAFTLICHE FINANZIERUNG

Die abgabenwirtschaftliche Finanzierung ist sicher die bedeutendste aller Formen zur Beschaffung der Finanzierungsmittel für die Durchführung von Verkehrsinvestitionen. Der Staat oder seine Institutionen erheben von den Bürgern kraft ihrer hoheitlichen Befugnis Steuern (Steuerfinanzierung), Gebühren oder Beiträge (Entgeltfinanzierung) und finanzieren aus den erzielten Einnahmen die Investitionen.

#### a. STEUERFINANZIERUNG

Die vom Staat erhobenen Steuern sind Zwangsabgaben für die keine unmittelbare Gegenleistung erbracht wird. Bei Steuern handelt es sich also nicht um Entgelt für eine spezielle Leistung des Staates, sondern um Abgaben für die generelle Staatstätigkeit. Ursprünglich dienten die Steuern lediglich zur Mittelbeschaffung (fiskalische Steuerfunktion). Heute werden mit Hilfe des Instruments Steuern auch allgemeine wirtschafts- und sozialpolitische Ziele verfolgt (nicht-fiskalische Steuerfunktionen).[19] Aus der Tatsache, daß Steuern keine direkte Gegenleistung begründen, ist das Prinzip der "Non-Affectation" abzuleiten. Danach unterliegen Steuern generell keiner Zweckbindung für bestimmte Ausgaben. Sie dienen zur Deckung des globalen Finanzbedarfs.

Dieses Prinzip ist in der Bundesrepublik durchbrochen. So besteht im Verkehrssektor eine teilweise Zweckbindung der Kraftfahrzeug- und Mineralölsteuer für den Straßenbau[20] und die Verbesserung der Verkehrsverhältnisse in Gemeinden.[21]

### b. ENTGELTFINANZIERUNG

Anders als bei der Steuerfinanzierung ist bei der Entgeltfinanzierung eine direkte Gegenleistung des Staates und seiner Institutionen vorhanden. Bei Beiträgen ist diese Gegenleistung dem einzelnen Entgeltzahler nur mittelbar zuzurechnen. Beiträge werden bei einer bestimmten Benutzergruppe ständig erhoben und sollen in ihrer Höhe den Vorteil egalisieren, den der Nutzer aus der öffentlichen Leistung ziehen kann. Die tatsächliche Nutzung ist nicht Gegenstand der Veranlagung.

Gebühren werden hingegen nur aufgrund der Nutzung einer öffentlichen Leistung erhoben und sind damit dem einzelnen Bürger unmittelbar zuzurechnen. Gebühren sollten nach dem Kostendeckungsprinzip bemessen sein.[22)]

Beispiele für Beiträge aus dem Verkehrswesen sind Straßenanlieger- und Fremdenverkehrsbeiträge. Gebühren werden zum Beispiel für Straßen-, Kanal-, Flughafenbenutzung erhoben.

## 2. ERWERBSWIRTSCHAFTLICHE FINANZIERUNG

Die abgabenwirtschaftliche Finanzierung kann nur von öffentlichen Haushalten im engeren Sinne praktiziert werden. Die öffentlichen Haushalte im weiteren Sinne wie z.B. die öffentlichen Unternehmen haben diese Möglichkeit der Mittelbeschaffung nicht. Sie sind in erster Linie auf die erwerbswirtschaftliche Finanzierung ihrer Investitionen angewiesen. Die Einnahmen müssen also durch Verkauf der hergestellten Leistung oder des erzeugten Produktes erwirtschaftet werden. Dabei spielt die Preispolitik eine wesentliche Rolle. Sie dient in diesem Falle zur Durchsetzung fiskalischer Ziele. Als mögliche Preisbildungsstrategien sind die Erzielung des Monopol-, Markt-, Kostendeckungs- und Subventionspreises zu erwähnen. Die fiskalische Zielsetzung der Einnahmenerzielung hängt einerseits von den Marktgegebenheiten ab, die die Durchsetzung einer bestimmten Preisbildungsstrategie zulassen oder nicht, und andererseits von den nicht-fiskalischen Zielsetzungen des öffentlichen Unternehmens, das eventuell wirtschafts- und sozialpolitischen Zielen höhere Priorität einräumt. Der erwerbswirtschaftlichen Finanzierung sind daher oft Grenzen gesetzt.

## 3. KREDITWIRTSCHAFTLICHE FINANZIERUNG

Wenn die öffentliche Hand ihre Ausgaben nicht mehr über die üblichen Einnahmequellen decken kann, muß sie sich am Kapitalmarkt verschulden. Form und Grundsätze der Verschuldung variieren mit Rechtsform und Stellung des öffentlichen Schuldners. Da Verkehrsinvestitionen langfristige Investitionen sind, kommt für diesen Bereich vor allem die Verschuldung per Anleihe in Betracht. Man unterscheidet zwei Formen der Anleihe:

(1.) Die öffentliche Hand wendet sich selbst an die Kapitalanbieter in Form von direkten oder öffentlichen Anleihen, und

(2.) sie läßt über eine Bank bzw. ein Bankenkonsortium indirekte oder Bankanleihen anbieten.

Die Verschuldung über öffentliche Anleihen kann zur Deckung des Finanzbedarfs im allgemeinen verwendet werden, während die Bankanleihen gemäß der bankwirtschaftlichen Kreditvergaberichtlinien an einen bestimmten Verwendungszweck gebunden sind. Die Möglichkeit der Mittelbeschaffung direkter und indirekter Anleihen steht nur Bund und Ländern zu. Die Kommunen verfügen hingegen nur über das Instrument der indirekten Anleihen.[23)]

## 4. SONSTIGE FINANZIERUNGSFORMEN

### a. VERÄUSSERUNG VON VERMÖGENSWERTEN

Einnahmen erzielen kann die öffentliche Hand auch durch Verkauf von öffentlichem Vermögen an Private. Diese Einnahmen können dann zur Deckung des öffentlichen Finanzbedarfs dienen. Fraglich scheint bei dieser Finanzierungsform, ob sie gesellschaftspolitischen Zielen entspricht. Die Veräußerung öffentlichen Vermögens nimmt der öffentlichen Hand in vielen Fällen die Möglichkeit ihre öffentlichen Aufgaben zu erfüllen.

### b. GELDSCHÖPFUNG

Durch die Prägung von unterwertigen Münzen (Scheidemünzen), die dem Staat aufgrund des Münzregals zusteht, kann der Staat in Höhe der Differenz von Münzwert und Produktionskosten (Schlagschatz) Einnahmen erzielen.[24)] Diese Form der Mittelbeschaffung findet ihre Grenzen im Bargeldbedarf und in den Produktionskosten. Die Ausgabe von Sondermünzen kann diese Grenze hinausschieben, da Sondermünzen freiwillig gehortet werden. Bei der Olympia-Goldmünze[25)], die im Zusammenhang mit den Olympischen Spielen 1972 in München herausgegeben wurden, sind die Einnahmen zum Teil auch für die Finanzierung von Verkehrsinvestitionen (Münchner U-Bahnbau) herangezogen worden.

Die Ausgabe von Scheidemünzen kann als direkte Geldschöpfung des Staates bezeichnet werden. Indirekte Geldschöpfung wäre hingegen die Ausgabe von Staatsschuldtiteln, die zu einer Geldschöpfung durch die Notenbank führen. Diese Form der Mittelbeschaffung entspricht der kreditwirtschaftlichen Finanzierung.

## c. FREIWILLIGE LEISTUNGEN

Eine Form der staatlichen Mittelbeschaffung ist in der freiwilligen Abgabe von Leistungen durch die Bürger zu sehen. Dies kann zum Beispiel in Form der unentgeltlichen Hilfe bzw. Mitarbeit beim Brücken-, Deich- und Wegebau oder der Verpflichtung zur freiwilligen Übernahme von Aufgaben im Rahmen des Feuerwehr- und Rettungswesens geschehen. Auch Spenden der unterschiedlichsten Formen zählen zu den freiwilligen Leistungen.

## d. SPENDEN

Eine spezielle Form der Finanzierung öffentlicher Investitionen über freiwillige Leistungen bilden die Spenden. Über Spenden wird der Bürger freiwillig an der Finanzierung beteiligt und erbringt damit neben seinem Pflichtbeitrag zur Erhaltung des Staates einen weiteren Beitrag, der aufgrund seiner Einstellung zum Staat oder zum speziellen Investitionsobjekt abschöpfbar ist. Spenden können als selbständige Beiträge "erhoben" werden oder in Form mit einer anderen Leistung. Bekannt ist vor allem die Koppelung von Spenden mit dem Kauf von Briefmarken, wobei der Grundbetrag der Briefmarke und ein festgesetzter zusätzlicher Betrag gezahlt werden müssen.

## e. LEASING

Eine relativ neue Form der Finanzierung von Investitionsprojekten ist das Mieten bzw. "Leasen". Leasing von Industrieanlagen ist im privatwirtschaftlichen Bereich weitverbreitet. Für die öffentliche Hand bzw. öffentliche Betriebe hingegen bleibt Leasing bisher nur ein wenig genutztes Finanzierungsinstrument. Gründe hierfür liegen in rechtlichen Besonderheiten, die in diesem Zusammenhang nicht diskutiert werden können.[26] Es sollen nur kurz alternative Leasing-Formen erörtert werden, die zur Finanzierung öffentlicher Investitionen herangezogen werden können. Dies sind:

(1) Das Mobilien-Leasing für mobile Investitionsobjekte wie Fahrzeuge etc.,

(2) das Immobilien-Leasing für nicht mobile Investitionsobjekte wie Wirtschafts- und Verkehrsbauten,

(3) das Fonds-Leasing als modifizierte Form des reinen Immobilien-Leasings durch die Gründung von Fonds-Gesellschaften und

(4) die Objekt-Gesellschaften als speziell zu entwickelnde Leasing-Formen, die den Problemen der öffentlichen Hand angepaßt werden.

## f. PRIVATISIERUNG ÖFFENTLICHER LEISTUNGEN

Eine Möglichkeit der Finanzierung öffentlicher Verkehrsinvestitionen ist die Privatisierung der öffentlichen Leistungen. Die Privatisierung ist in der Literatur unter verschiedenen Aspekten diskutiert worden. Im Vordergrund steht die Effizienzfrage. Einige Autoren versuchen nachzuweisen, daß die Privatisietung gewisser öffentlicher Leistungen zu einer Effizienzsteigerung führt.[27] Andere Autoren diskutieren die Entlastung der öffentlichen Hand durch Privatisierung eines Teils ihrer Aufgaben.[28] Auf beide Aspekte kann in diesem Zusammenhang nicht näher eingegangen werden. Hier steht der Gedanke der Finanzierung öffentlicher Aufgaben im Vordergrund, ein Aspekt der durch die beiden vorhergenannten Aspekte gleichzeitig miterreicht wird. Im folgenden sind die Möglichkeiten der Privatisierung von öffentlichen Verkehrsinvestitionen unter dem Finanzierungsaspekt zu betrachten.

## (I) PRIVATE REGULIERTE UNTERNEHMEN

Die Diskussion um die Staatsentlastung, die bei ständig steigendem Anforderungsniveau an öffentliche Leistungen aber nur geringer Steuerbelastungsbereitschaft der Bevölkerung, in der finanzwissenschaftlichen Literatur geführt wird, sieht eine Möglichkeit der Entlastung in der Übertragung der Aufgaben an private Unternehmen. Die Finanzierung der prinzipiell öffentlichen Leistung geht somit an das private Unternehmen über, so daß damit eine weitere Möglichkeit der Finanzierung öffentlicher Leistungen und im speziellen öffentlicher Verkehrsinvestitionen gegeben ist. Die Besonderheit der privaten Unternehmen, die öffentliche Leistungen übernehmen, ist, daß sie "reguliert" werden. Das heißt, der Staat schreibt Preise, Mengen und/oder Produktqualitäten vor und kontrolliert die Einhaltung. Dies ist notwendig, damit die an sich öffentliche Leistung von den privaten Unternehmen auch entsprechend dem gesamtwirtschaftlichen (bzw. öffentlichen) Interesse erstellt wird. Auf die Regulierungsmechanismen ist in diesem Zusammenhang nicht weiter einzugehen.[29)] Hier interessiert lediglich der Finanzierungsaspekt.

## (II) PRIVATE VERBÄNDE

Durch die Übertragung öffentlicher Aufgaben, wie die Erstellung von Verkehrsinvestitionen auf einen privaten Verband[30)], werden die Mittel, die diesem Verband zur Verfügung stehen, zur Finanzierung prinzipiell öffentlicher Investitionen eingesetzt. Diese Mittel können aus Mitgliedsbeiträgen, Spenden, Erwerbseinkünften oder aus der Verschuldung des Verbandes stammen. Ferner wird über die ehrenamtliche Tätigkeit der Verbandsmitglieder ein freiwilliger Dienst erbracht, wodurch zwar keine Finanzmittel aufgebracht, aber doch Personalkosten bei der Durchführung und Planung des Investitionsvorhabens eingespart werden. Inwieweit der Staat in der Lage ist, private Verbände zur Übernahme öffentlicher Aufgaben zu motivieren, ist schwierig zu beantworten. Das Eigenverantwortungsgefühl der Mitglieder muß geweckt werden, was sicherlich von Fall zu Fall unterschiedlich starker Anreize bedarf. Prinzipiell ist aber die Möglichkeit der Finanzierung öffentlicher Leistungen über private Verbände gegeben, wie viele Beispiele aus dem Gesundheits- und Pflegewesen belegen. Eine entsprechende Willensbildung kann diese Finanzierungsquelle auch für andere öffentliche Leistungsbereiche wie z.B. das Verkehrswesen erschließen.

### g. MISCHFORMEN

Alle dargestellten Formen der Finanzierung öffentlicher Verkehrsinvestitionen müssen nicht unbedingt in der reinen Form praktiziert werden. Es bietet sich auch die gleichzeitige Anwendung mehrerer Finanzierungsformen an. Die Zahl der auf diese Art und Weise zu entwickelnden Mischformen ist sehr groß. Eine explizite Behandlung der Mischformen scheint nicht angebracht, da bezüglich der Finanzierung keine neuen Erkenntnisse zu erwarten sind. Interessant scheint hingegen die Diskussion der Mischformen unter dem in dieser Studie nicht behandelten Effizienzaspekt bzw. der optimalen Kombination der einzelnen Finanzierungsformen.

## IV. ANALYSE DER WIRKUNGEN DER FINANZIERUNGSFORMEN VON VERKEHRSINVESTITIONEN

Die Analyse der Wirkungen der Finanzierungsinstrumente von Verkehrsinvestitionen kann in Anlehnung an die Instrumente der Finanzwissenschaft erfolgen. Dieser Gesichtspunkt ist in der finanzwissenschaftlichen Literatur ausgiebig behandelt worden.[31)] Auch die finanzwissenschaftlichen Wirkungen der Finanzierung von Verkehrsinvestitionen sind in der Literatur dargestellt.[32)] Die Analyse der sogenannten verkehrsökonomischen Wirkungen ist hingegen bisher nicht geleistet. Sie soll Gegenstand der vorliegenden Studie sein.

Ausgangspunkt der weiteren Überlegungen bildet die in der Verkehrswissenschaft allgemein anerkannte Hypothese[33)],

- daß von Verkehrsinvestitionen Wirkungen auf den volkswirtschaftlichen Entwicklungsprozeß ausgehen, die als Wachstums- und Struktureffekte bezeichnet werden.

Es besteht die Vermutung, daß diese Wachstums- und Struktureffekte von Verkehrsinvestitionen mit dem Grad der Entwicklung der Volkswirtschaft und des Verkehrssystems abnehmen.[34)] Wenn dies der Fall sein sollte, so nehmen mit dem Entwicklungsstand die positiven bzw. erwünschten Effekte von Verkehrsinvestitionen ab, während die negativen bzw. unerwünschten zunehmen. Dies ist verkehrspolitisch problematisch, da der Zielerreichungsgrad der Verkehrspolitik sinkt. Es entsteht folglich die Frage, wie die Wirkungs- und Effizienzsteigerung der Verkehrspolitik in entwickelten Volkswirtschaften zu erreichen ist.

Eine Möglichkeit ergibt sich aus der Finanzierung der Verkehrsinvestitionen, wenn die Form der Finanzierung für die Stärke der Effekte verantwortlich ist. Im folgenden steht daher die Analyse der Abhängigkeit der Wachstums- und Struktureffekte von der Finanzierungsform an. Sollte sich diese Abhängigkeit bestätigen, so kann über die Finanzierungsform eine Steuerung der verkehrsökonomischen Effekte und damit eine Steigerung des Zielerreichungsgrads und der Effizienz der Verkehrspolitik vor allem in entwickelten Volkswirtschaften erreicht werden.

Die Richtung und Intensität der von Verkehrsinvestitionen induzierten Wachstums- und Struktureffekte WS ist eine Funktion der im Planungsraum vorhandenen Potentialfaktoren P, der vom Verkehrssystem angebotenen Verkehrswertigkeit V und den Anforderungen (Affinitäten) der Nachfrager an die Qualität der angebotenen Verkehrsleistungen A:[35)]

(1) $WS = f(P,V,A)$.

Diese Beziehung wird im Rahmen dieser Studie erweitert, indem die Wachstums- und Struktureffekte auch als von der Finanzierung F abhängig angesehen werden:

(2) $WS = f(P,V,A,F)$.

Es ist jetzt zu prüfen, ob der unterstellte Zusammenhang logisch wahr (l-wahr)[36)] ist. Dazu dient die folgende Abbildung, die den Zusammenhang zwischen Finanzierung, Verkehrsinvestition (Maßnahme) und Wirkung veranschaulicht. Unterstellt man, daß die Abhängigkeit der Wachstums- und Struktureffekte von den Potentialfaktoren P, der Verkehrswertigkeit V und der Affinität A in der Literatur bisher nicht geleugnet wurde, so ist lediglich die Abhängigkeit von der Finanzierung F zu belegen. ABB. 4 zeigt die Abhängigkeit der Maßnahme von der Finanzierung und die Abhängigkeit der Wirkungen von der Maßnahme. Mit anderen Worten, eine Maßnahme wird durchgeführt, wenn die Finanzierung gesichert ist. Die Wirkungen wurden in ABB. 4 auf die Wachstums- W, Struktur- S, gesellschaftliche G und Umweltwirkungen U reduziert. Eine detaillierte Wirkungsanalyse ist für den vorliegenden Untersuchungsgegenstand nicht notwendig.

ABB. 4: ZUSAMMENHANG ZWISCHEN FINANZIERUNG, MASSNAHME UND WIRKUNGEN

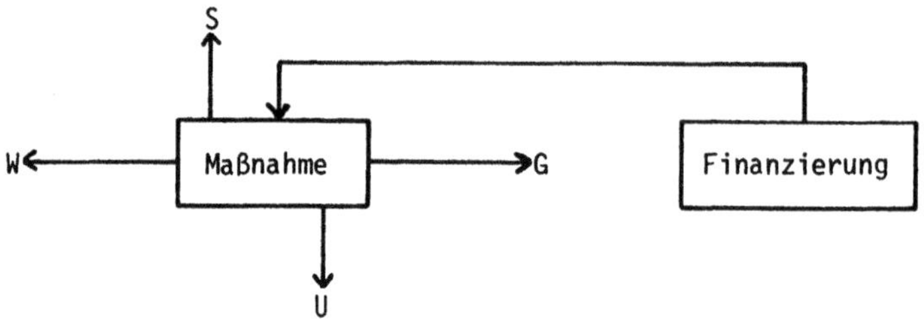


Es ist nunmehr zu fragen, ob auch eine Abhängigkeit von Finanzierung und Wirkungen besteht. Zunächst ist man sicherlich geneigt, diese Abhängigkeit zu negieren. Finanzierung und Wirkung sind unabhängig, da die Wirkungen in der Phase der Leistungsabgabe[37)] auftreten, die Leistungsabgabe aber von der Fertigstellung der Maßnahme und nicht von der Finanzierung abhängt. Diese Aussage mag global zutreffen, denn die Finanzierung muß vor der Realisierung einer Maßnahme sichergestellt sein und hat im allgemeinen keinen Einfluß auf die Leistungsabgabe. Im speziellen ist es aber durchaus denkbar, daß die Finanzierung für die Leistungsabgabe gewisse Bedingungen setzt, die die Leistungsabgabe und damit der während dieser Phase induzierten Wirkungen in Richtung und Intensität beeinflussen. Ohne die Bedingungen näher zu spezifizieren, kann somit die Hypothese abgeleitet werden:

- die Wachstums- und Struktureffekte von Verkehrsinvestitionen hängen von der Finanzierungsform der Investition ab, wenn sie Bedingungen setzt, die die Nutzung der Investition in der Phase der Leistungsabgabe beeinflussen.

Daraus läßt sich folgern, daß die Wachstums- und Struktureffekte von Verkehrsinvestitionen über die Finanzierung nicht zu steuern sind, wenn die Finanzierung keine die Leistungsabgabe beeinflussenden Bedingungen setzt. Es läuft dann der bisher in der verkehrswissenschaftlichen Literatur gesehene allgemeine Entwicklungsprozeß mit den üblichen Wachstums- und Struktureffekten ab. Setzt die Finanzierung hingegen Bedingungen für die Leistungsabgabe, so ist nunmehr der Entwicklungsprozeß und die in seinem Verlaufe induzierten Wachstums- und Struktureffekte eben über die Finanzierung und die durch sie gesetzten Bedingungen beeinflußbar. Ein Ausgleich von Vor- und Nachteilen (Differenzierungen und Disparitäten), die das Verkehrssystem im Wirtschaftsraum induziert, wird möglich.

Der logischen Oberprüfung, des in Gleichung (2) dargestellten erweiterten Zusammenhanges, muß konsequenterweise die empirische folgen, um zu zeigen, daß die unterstellten Zusammenhänge auch faktisch (f-wahr) sind.

Diesbezüglich können in der vorliegenden Studie noch keine Aussagen gemacht werden, da entsprechendes statistisches Material zur Belegung des faktischen Zusammenhanges nicht zur Verfügung stand. Damit wird dem logisch abgeleiteten Zusammenhang jedoch kein Abbruch geleistet. Im folgenden soll der logische Zusammenhang weiter analysiert werden, indem die von den verschiedenen Finanzierungsformen gesetzten und für die entsprechenden Wirkungen notwendigen Bedingungen herausgearbeitet werden.

## 1. DIE WIRKUNGEN DER ABGABENWIRTSCHAFTLICHEN FINANZIERUNG

### a. WIRKUNGEN DER STEUERFINANZIERUNG

Generell kann bei der Steuerfinanzierung von Verkehrsinvestitionen davon ausgegangen werden, daß aufgrund des globalen Charakters der Steuerfinanzierung gemäß dem Prinzip der "non-affectation" keine Bedingungen gesetzt werden, die in der Phase der Leistungsabgabe Einfluß auf die von den Verkehrsinvestitionen induzierten Wachstums- und Struktureffekte ausüben. Im speziellen sind die einzelnen Steuerarten allerdings bezüglich eventueller, die Wachstums- und Struktureffekte beeinflussenden Bedingungen zu analysieren.

#### (I) DIE GRUNDSTEUER

Die Grundsteuer ist für den Eintritt von Wachstums- und Struktureffekten im Verlaufe der Entwicklung des Verkehrssystems von Bedeutung, da die Neuansiedlung von Betrieben auf der Basis einer Standortkalkulation erfolgt, die auch die steuerliche Belastung berücksichtigt.

Die aus der Neuansiedlung von Betrieben im Einflußbereich der Verkehrsinvestition resultierenden Wachstums- und Struktureffekte ergeben sich also nicht allein aus der Verbesserung der Verkehrsqualität, sondern aus einer Reihe von Standortfaktoren, zu denen u.a. auch die Höhe der Grundsteuer gehört.

In der Bundesrepublik unterscheidet man die Grundsteuer A für land- und forstwirtschaftliche Betriebe und die Grundsteuer B für andere Betriebs- und private Grundstrücke.[38] Befreiungen bestehen für Grundbesitz der öffentlichen Hand, der Kirchen und Religionsgemeinschaften sowie für Grundbesitz, der gemeinnützigen oder mildtätigen Zwecken, Zwecken der Wissenschaft, der Erziehung, des Unterrichts oder der Krankenpflege dient. Die Grundsteuer berechnet sich aus dem Einheitswert EW des Grundstücks multipliziert mit der Steuermeßzahl SMZ, was den sog. Steuermeßbetrag ergibt, der multipliziert mit einem von der Gemeinde festgelegten Hebesatz H die Steuerschuld S ermittelt:

(3) $$S_G = EW \cdot SMZ \cdot H.$$

Die Einheitswerte und die Hebesätze werden im Rahmen kommunaler Finanzaktivitäten festgelegt und weisen in den Gemeinden Unterschiede auf, die zu Divergenzen in den Standortattraktivitäten führen. Daraus ergeben sich unterschiedliche Voraussetzungen der Kommunen für die Fähigkeit, die von Verkehrsinvestitionen geschaffenen Chancen für die Induzierung von Wachstums- und Struktureffekten in tatsächliche Effekte umzusetzen. Die partielle Befreiung von der Grundsteuer bietet zudem einigen Ansiedlungsgewillten Vorteile, so daß neben den kommunal unterschiedlichen Voraussetzungen für die Wachstums- und Struktureffekte auch sektorale Divergenzen bestehen.

## (II) DIE GRUNDERWERBSSTEUER

Die Grunderwerbssteuer[39] besteuert die Eigentumsveränderungen bei Grundstükken. Besteuert wird der für das Grundstück ausgehandelte Gegenwert. Der Steuerbetrag $S_{GE}$ setzt sich aus einem Grund-(Stamm-)betrag GB, den der Bund erhebt und einem Zuschlag ZS zusammen, der von den kreisfreien Städten, großen Kreisstädten und Landkreisen gefordert wird[40]:

(4) $$S_{GE} = GB + ZS.$$

Der Grundbetrag beträgt 3 % vom Gegenwert und der Zuschlag 4 %, womit insgesamt 7 % Grunderwerbssteuer erhoben wird. Das Grunderwerbssteuerrecht kennt allerdings eine Vielzahl von Steuerbefreiungen (sozialer Wohnungsbau, Stadtsanierung, strukturpolitische Gründe etc.), so daß sowohl kommunale bzw. regionale und sektorale Unterschiede bestehen, die entsprechende Auswirkungen auf die Ausnutzung der von Verkehrsinvestitionen eröffneten Chancen haben und die Wachstums- und Struktureffekte in ihrer Richtung sowie Intensität beeinflussen können. Insbesondere die Steuerbefreiung aus strukturpolitischen Gründen setzt eindeutige Divergenzen in den Bedingungen für die Realisierung der möglichen Effekte im Verlauf der Durchführung von Verkehrsinvestitionen.

### (III) DIE GEWERBESTEUER

Die Gewerbesteuer besteuert den inländischen Gewerbebetrieb. Steuerbefreiungen bestehen für land- und forstwirtschaftliche, gemeinnützige, mildtätige und kirchliche Betriebe sowie Bundesbahn, Bundespost und Freiberufliche.[41] Die Steuerschuld $S_{GW}$ ermittelt sich nach der folgenden Formel:

(5) $$S_{GW} = SMZ \cdot H\,(SAZ - S_{GW})$$

bzw.

(6) $$S_{GW} = \frac{SMZ \cdot H}{1 + SMZ \cdot H} \cdot SAZ.$$

wobei SMZ die Steuermeßzahl, H den Hebesatz und SAZ den steuerpflichtigen Gewerbeertrag vor Abzug der Steuer bedeuten.

Die Steuermeßzahl errechnet sich bundeseinheitlich aus dem Gewerbekapital und -ertrag nach bestimmten Hinzu- und Abrechnungen. Der Hebesatz wird von den Kommunen festgesetzt, so daß daraus kommunale Divergenzen mit entsprechenden Auswirkungen auf die von Verkehrsinvestitionen gesetzten Wachstums- und Struktureffekte erwachsen.

### (IV) DIE EINKOMMENSTEUER

Für die Einkommensteuer[42] bestehen bundeseinheitliche Regelungen und Tarife, so daß Auswirkungen auf die kommunal bzw. regional ablaufenden von Verkehrsinvestitionen induzierten Wachstums- und Struktureffekte nicht bestehen. Ausnahmen ergeben sich aus der einkommensteuerrechtlichen Sonderregelung für Berlin und das Zonenrandgebiet. Desweiteren könnten aus der Abzugsfähigkeit der Fahrtkosten zwischen Wohnung und Arbeitsplatz für Unselbständige gemäß § 9 Abs. 2 Ziffer 4 EStG Auswirkungen auf die Intensität und Verteilung der Personenverkehrsströme erwachsen, die gewisse Wirkungen auf die Wachstums- und Struktureffekte mit sich bringen. Darüber hinaus sind die Wachstums- und Struktureffekte eventuell über die Abschreibungsvergünstigungen im Wohnungs- und Städtebau (§ 7 EStG und § 51 EStG in Verbindung mit § 82g EStDV) und die Übertragbarkeit stiller Reserven auf neue Anlagegüter (§ 6b EStG) beeinflußt, da aufgrund der Förderung der Kapitalmobilität und der Stärkung der Bautätigkeit Standortverlagerungen Vorschub geleistet wird.

### (V) DIE KFZ-STEUER UND KFZ-VERSICHERUNG

Die Kfz-Steuer[43)44)] ist bundeseinheitlich geregelt. Auswirkungen auf die von Verkehrsinvestitionen induzierten Effekte sind daher nicht zu vermuten. Die Kfz-Versicherung richtet sich hingegen nach Zonen der Verkehrsbelastung. Regionen mit starker Verkehrsdichte und entsprechend höherer Schadenshäufigkeit werden mit höheren Beiträgen belegt als Regionen mit schwacher Verkehrsdichte. Damit kann die Standortwahl in Abhängigkeit der Beitragshöhe für die Kfz-Versicherung erfolgen, was entsprechende kommunale bzw. regionale Auswirkungen auf die von Verkehrsinvestitionen induzierten Effekte hat.

### (VI) DIE MINERALÖLSTEUER

Die Mineralölsteuergesetzgebung[45)] weist bundesweit keine Unterschiede auf. Eine Wirkung auf die Wachstums- und Struktureffekte von Verkehrsinvestitionen ergibt sich nur in Verbindung mit der Tatsache, daß in entlegenen Regionen auf weiteren Wegen mehr Mineralöl verbraucht wird. Für die Bewohner dieser Regionen wird daher die Höhe der Mineralölsteuer zu einem Standortfaktor. Sie wirkt entwicklungshemmend.[46)]

## (VII) DER KOMMUNALE FINANZAUSGLEICH UND DAS STEUERSYSTEM

Die Gemeinden und Gemeindeverbände in der Bundesrepublik erhalten im Rahmen des kommunalen Finanzausgleichs allgemeine und zweckgebundene Zuweisungen von Bund und Land. Dieses System ist zu komplex, als daß es hier dargestellt werden könnte.[47] Die einzelnen Bundesländer praktizieren unterschiedliche Ausprägungen, die einzelnen Gemeinden unterschiedliche Voraussetzungen für die Finanzierung ihrer Ausgaben schaffen. Das heißt, trotz des prinzipiellen Ausgleichsgedankens auf dem das System basiert, existieren in der Realität Unterschiede in der finanziellen Situation der einzelnen Gemeinden.

Die Tatsache hat logischerweise Auswirkungen auf die Steuerpolitik der einzelnen Gemeinden. So können finanziell gut gestellte Gemeinden z.B. bei der Fixierung der Hebesätze für die Grundsteuer und Gewerbesteuer niedrigere Sätze praktizieren als finanziell stark belastete Gemeinden. Das heißt, die sich aus der Summe der steuerpolitischen Aktivitäten der Gemeinden bezüglich der oben dargestellten Einzelsteuern ergebenden Wirkungen auf die Wachstums- und Struktureffekte von Verkehrsinvestitionen resultieren letztlich aus Ungleichheiten des kommunalen Finanzausgleichs und damit des Steuersystems. Diese Unterschiede beeinflussen die Standortgunst und können je nach ihrer Ausprägung Standorteinflüsse anderer Kriterien bzw. Standortfaktoren verstärken oder kompensieren. Die vom Verkehrssystem induzierten Wachstums- und Struktureffekte werden folglich vom Steuersystem mitgestaltet. Die eingangs vertretene Hypothese der Nicht-Beeinflussung der verkehrsökonomischen Effekte durch die Besteuerung muß somit revidiert werden.

## b. WIRKUNGEN DER ENTGELTFINANZIERUNG

Der Entgeltfinanzierung ist ein eindeutiger Effekt auf die von einem Verkehrssystem induzierten Wachstums- und Strukturwirkungen zuzuschreiben. Die Finanzierung eines Verkehrsweges über Beiträge trifft die potentielle Benutzergruppe und die über Gebühren den tatsächlichen Benutzer. Die Höhe des erhobenen Beitrags oder der Gebühr ist folglich in der Phase der Leistungsabgabe für die tatsächle Nutzung der bereitgestellten Verkehrsinvestition und damit für die aus der Leistungsabgabe erwachsenen Effekte mitverantwortlich. Die verkehrsökonomischen Effekte lassen sich in ihrer Richtung und Intensität durch die Höhe des Entgelts beeinflussen. Zudem kann der Benutzerkreis durch die Höhe und die Form des Entgelts gestaltet werden.

Die Wirkung der Entgeltfinanzierung, insbesondere der Gebühren,werden am Beispiel der Autobahngebühren in Frankreich, Italien und Spanien deutlich.[48)]

## 2. DIE WIRKUNGEN DER ERWERBSWIRTSCHAFTLICHEN FINANZIERUNG

Das Charakteristikum der erwerbswirtschaftlichen Finanzierung von Verkehrsinvestitionen ist die Forderung eines Preises vom Benutzer für die angebotene Verkehrsleistung. Dieser Preis wirkt in der Phase der Leistungsabgabe wie ein Beitrag oder eine Gebühr auf die tatsächliche Nutzung der angebotenen Verkehrsleistung. Der Nutzungsgrad und der Benutzerkreis beeinflussen ihrerseits die Intensität und die Richtung der verkehrsökonomischen Effekte. Die erwerbswirtschaftliche Finanzierung und die von ihr praktizierte Preisbildungsform (gewinnorientiert, gemeinwirtschaftlich, etc.) haben demnach deutliche Auswirkungen auf die von Verkehrseinrichtungen induzierten Wachstums- und Struktureffekte. Diese Wirkungen sind nicht unabhängig von der Marktform und den Substitutionsmöglichkeiten, da die Durchsetzbarkeit eines geforderten Preises wesentlich von diesen Kriterien determiniert wird.

## 3. DIE WIRKUNGEN DER KREDITWIRTSCHAFTLICHEN FINANZIERUNG

Die kreditwirtschaftliche Finanzierung setzt keine Bedingungen an die Leistungsabgabe einer Verkehrseinrichtung. Ein Einfluß dieser Finanzierungsform auf die verkehrsökonomischen Effekte kann daher nicht gesehen werden. Im Höchstfall ist eine indirekte Wirkung vorhanden. Nämlich dann, wenn die kreditwirtschaftliche Finanzierung z.B. Bedingungen für die Preisbildung schafft, d.h. die Durchsetzung eines höheren Preises als vorgesehen erfordert. Diese Wirkungen sollen aber hier nicht betrachtet werden, da sie im Rahmen der Preisbildung bzw. der dahinterstehenden Finanzierungsform auftreten.

Die Tatsache, daß die kreditwirtschaftliche Finanzierung keine direkten Wirkungen auf die verkehrsökonomischen Effekte ausübt, leugnet nicht den generellen Einfluß des Kreditsystems auf wirtschaftliche Entwicklungsprozesse.[49)]

## 4. DIE WIRKUNGEN DER SONSTIGEN FINANZIERUNGSFORMEN

Bei den sonstigen Finanzierungsformen sind prinzipiell zwei Gruppen zu unterscheiden. Zur ersten Gruppe gehören die Finanzierungsformen, die keine Bedingungen für die Phase der Leistungsabgabe an eine Verkehrseinrichtung stellen. Es handelt sich um die Finanzierung durch Geldschöpfung, freiwillige Leistungen und Spenden sowie durch Leasing. Diese Finanzierungsformen sind unter dem rein finanzwirtschaftlichen Aspekt interessant, auf die verkehrsökonomischen Effekte besteht jedoch kein Einfluß. Im Rahmen dieser Studie sind die entsprechenden Finanzierungsformen daher nicht weiter zu betrachten. Auch indirekte Wirkungen wie sie z.B. beim Leasing zu vermuten sind, werden nicht behandelt.

Zur zweiten Gruppe zählen die Finanzierungsformen mit Wirkung auf die verkehrsökonomischen Effekte. Dies sind die Veräußerung von Vermögenswerten, die Privatisierung und auch die Mischformen. Die Einordnung der Mischformen scheint problematisch, da die Wirkungen von der tatsächlichen Mischung der Finanzierungsformen abhängen. Jede Finanzierungsform bringt ihre ureigenen Wirkungsverhältnisse in die Mischform ein. Konkrete Aussagen über die Wirkungen sind also nur möglich, wenn die Ausgestaltung der Mischform bekannt ist. Im folgenden soll nicht auf diese Finanzierungsform eingegangen werden, da die Wirkungen bereits bei den reinen Finanzierungsformen diskutiert werden.

### a. WIRKUNGEN DER VERÄUSSERUNG VON VERMÖGENSWERTEN

Die Veräußerung von Vermögenswerten zur Finanzierung von Verkehrsinvestitionen dürfte im allgemeinen keine Wirkungen auf die verkehrsökonomischen Effekte ausüben. Lediglich die spezielle gezielte Veräußerung von Vermögenswerten im direkten Einflußbereich der finanzierten Maßnahme kann entsprechende Wirkungen hervorrufen. Für die Verkehrsplanung relevant ist vor allem der Fall der Veräußerung von Grund und Boden im Einzugsgebiet der finanzierten Verkehrseinrichtung. Bekanntes Beispiel für ein solches Vorgehen ist die gezielte Veräußerung von Grundstücken entlang der "Victoria-Line" in London, um Mittel für die Finanzierung der Linie zu beschaffen.[50] Im Anwendungsfall hat die öffentliche Hand während der Planungsphase der Verkehrseinrichtung die Grundstücke im Einzugsgebiet zu erwerben, um sie in der Phase der Leistungsabgabe wieder zu veräußern. Die aufgrund der von der Verkehrseinrichtung induzierte Standortgunst führt zu einer Erhöhung der Bodenpreise gegenüber der Planungsphase, so daß die erwirtschaftete Bodenrente zur Finanzierung der Verkehrseinrichtung verwendet werden kann. Durch den Verkauf der in der Planungsphase erworbenen Grundstücke durch die öffentliche Hand wird eine teilweise Verlagerung der Nutzeffekte der durchgeführten Verkehrseinrichtung von der Privatwirtschaft zur öffentlichen Hand erreicht.

Zudem wird die öffentliche Hand in die Lage versetzt, durch die gezielte Veräußerung der Grundstücke die im Verlaufe der Leistungsabgabe der Verkehrseinrichtung stattfindenden Strukturveränderungen in gewünschter Richtung zu gestalten. Der Einfluß der öffentlichen Hand auf die Strukturveränderungen, der über die Erstellung von Flächennutzungs- und Bebauungsplänen besteht wird somit verstärkt und verfeinert.

### b. WIRKUNGEN DER PRIVATISIERUNG

Die Privatisierung der Verkehrseinrichtungen ist eine Möglichkeit zur Entlastung der öffentlichen Hand. Inwieweit die Privatisierung öffentlicher Güter und unter welchen Regulierungsbedingungen durchführbar ist, steht in diesem Zusammenhang nicht zur Diskussion an. Die Privatisierung wird als Finanzierungsinstrument betrachtet, das Wirkungen auf die Intensität und Richtung der verkehrsökonomischen Effekte induziert. Diese Wirkungen bestehen, da die Privatisierung einer Verkehrseinrichtung für den Benutzer in der Phase der Leistungsabgabe das Abverlangen eines Preises zur Folge hat. Damit wird das erwerbswirtschaftliche Prinzip eingeführt. Der Privatisierung sind demnach die gleichen Wirkungen auf die verkehrsökonomischen Effekte zuzuschreiben, wie der erwerbswirtschaftlichen Finanzierungsform. Das heißt, die Privatisierung beeinflußt die verkehrsökonomischen Effekte in Abhängigkeit des am Markt durchzusetzenden Preisbildungsprinzips.

## 5. ZUR EMPIRISCHEN OBERPRÜFUNG DER WIRKUNGEN DER EINZELNEN FINANZIERUNGSFORMEN

Die oben dargestellten Wirkungen der einzelnen Finanzierungsformen sind aus logischen Oberlegungen abgeleitet, denen sich eine empirische Ableitung der Zusammenhänge anschließen müßte. Dies konnte im Rahmen der vorliegenden Studie nicht geleistet werden, da Untersuchungsfälle aus denen das entsprechende empirische Material gewonnen werden konnte nicht zur Verfügung standen. Damit fehlt für die dargestellten Wirkungszusammenhänge eine quantitative Beschreibung. Diese Tatsache schränkt zwar die Aussagekraft der Untersuchung ein, negiert aber zumindest nicht die Existenz der logisch aufgezeigten Wirkungszusammenhänge. Es kann also weiter von der Existenz der Wirkungen ausgegangen werden.

Unabhängig von der Tatsache, daß keine Untersuchungsfälle für die empirische Überprüfung der dargestellten Wirkungszusammenhänge vorhanden waren, existiert auf jeden Fall die Schwierigkeit die Wirkungszusammenhänge empirisch zu identifizieren. Die Schwierigkeit Wachstums- und Struktureffekte von Verkehrseinrichtungen empirisch zu belegen, ist in der Literatur bekannt.[51)] Diese Schwierigkeiten sind analog auf die Identifizierung der Wirkungen der Finanzierungsform auf diese Effekte zu übertragen. Zusätzlich dürfte das Problem der Isolierung der ursprünglichen Wachstums- und Struktureffekte von dem Anteil,der auf die Finanzierungsform zurückzuführen ist, entstehen.

# C. SCHLUSSTEIL: ABSCHLIESSENDE BEMERKUNGEN ZUR STUDIE

## I. ZUSAMMENFASSUNG DER ERGEBNISSE

Ausgangspunkt der Studie war die Definition von Verkehrsinvestitionen und Klassifizierung der verschiedenen Investitionsarten. Hieran schließt sich die Analyse des Finanzbedarfs für Verkehrsinvestitionen an. Der Finanzbedarf wurde separat für öffentliche Träger, Verkehrsmittel, den Bund insgesamt und regionalisiert nach Bundesländern betrachtet. Ferner erfolgte eine Abschätzung des künftigen Finanzbedarfs.

Desweiteren wurden die verschiedenen Formen der Finanzierung von Verkehrsinvestitionen dargestellt und ihre Wirkungen auf die verkehrsökonomischen Effekte, d.h. die von Verkehrsinvestitionen induzierten Wachstums- und Struktureffekte anhand logischer Überlegungen abgeleitet. Die empirische Analyse der Wirkungszusammenhänge konnte aufgrund fehlenden Datenmaterials nicht geleistet werden. Damit ist die Existenz der logisch abgeleiteten Wirkungszusammenhänge nicht widerlegt und es kann weiterhin von ihrer Existenz ausgegangen werden.

Die Finanzierungsformen lassen sich grob in zwei Gruppen einteilen, solche mit und solche ohne Wirkungen auf die verkehrsökonomischen Effekte. Drittens kann eine Untergruppe der zweiten Gruppe gesehen werden. Sie umfaßt Finanzierungsformen, die indirekt eine Wirkung auf die von der Verkehrsinvestition induzierten Wachstums- und Struktureffekte ausüben. Zu der ersten Gruppe zählen die abgabenwirtschaftliche und die erwerbswirtschaftliche Finanzierung sowie von den sonstigen Finanzierungsformen die Veräußerung von Vermögenswerten, die Privatisierung und die Mischformen. Bei der abgabenwirtschaftlichen Finanzierung ist zwischen Steuer- und Entgeltfinanzierung zu differenzieren. Nicht allen Steuern kann eine Wirkung auf verkehrsökonomische Effekte zugeschrieben werden. Einige Steuerarten und das Steuersystem insgesamt haben hingegen eindeutige Wirkungen auf die verkehrsökonomischen Effekte. Dies gilt auch für die Entgelte, Gebühren und Beiträge.

Zur zweiten Gruppe, die keine Wirkungen induziert, gehören die kreditwirtschaftliche Finanzierung und von sonstigen Finanzierungsformen die Geldschöpfung, freiwillige Leistungen und Spenden sowie das Leasing. In die Untergruppe fallen die kreditwirtschaftliche Finanzierung und das Leasing, da je nach Marktsituation indirekte Wirkungen möglich sind.

Von Bedeutung ist die Feststellung, daß es eine Reihe von Finanzierungsformen gibt, die nach logischen Überlegungen auf die verkehrsökonomischen Effekte wirken. Damit ergibt sich für die Verkehrspolitik die Möglichkeit, die von Verkehrsinvestitionen induzierten Wachstums- und Struktureffekte in eine gewünschte Richtung zu steuern sowie ihre Intensität zu beeinflussen.

## II. WÜRDIGUNG DER ERGEBNISSE

Die Existenz logischer Wirkungen von einigen Finanzierungsformen auf die verkehrsökonomischen Effekte ist ein Faktum, das ohne empirische Bestätigung nicht oder nur schwer in verkehrspolitische Maßnahmen transformiert werden kann. Der Einsatz verkehrspolitischer Maßnahmen erfordert quantitative Erkenntnisse über die Wirkung der Maßnahmen, d.h. Intensität und Richtung der Maßnahmewirkungen müssen bekannt sein, um eine Dosierung der Maßnahme treffen zu können. Mit anderen Worten, die logische Ableitung der dargestellten Wirkungszusammenhänge rechtfertigt die Veranlassung entsprechender verkehrspolitischer Maßnahmen nicht. Da die Wirkungen andererseits durch empirische Analysen bisher nicht widerlegt worden sind, kann weiter von ihrer Existenz ausgegangen werden. Die Studie gelangt damit nur zu einem Teilergebnis, das allerdings die Notwendigkeit und den Sinn weitergehender Forschungsaktivitäten zur empirischen Identifizierung der dargestellten logischen Wirkungszusammenhänge zeigt.

In diesem Zusammenhang muß die Frage geklärt werden, inwieweit es notwendig ist, für logisch wahre (l-wahre) Tatbestände den empirischen Beleg der faktischen Wahrheit (f-wahr)[52] zu erbringen, um konkrete verkehrspolitische Maßnahmen aus den Tatbeständen ableiten und durchsetzen zu dürfen. Diese Frage ist nur auf wissenschaftstheoretischer Basis zu beantworten, was den Rahmen dieser Studie sprengen würde. Es soll im folgenden Abschnitt dennoch kurz aufgezeigt werden, welche Konsequenzen die positive Beantwortung, d.h. die Ableitung verkehrspolitischer Maßnahmen auch ohne empirische Fundierung, für ein aktives verkehrspolitisches Maßnahmenprogramm hätte.

## III. POLITISCHE KONSEQUENZEN

Im folgenden soll versucht werden, politische Konsequenzen aus dem Ergebnis der Studie zu ziehen. Dazu sind drei Annahmen zu treffen:

(1) Die Argumentation auf der Basis l-wahrer Fakten ist wissenschaftstheoretisch zulässig.

(2) Die empirische Analyse kann l-wahre Fakten nicht widerlegen.

(3) Für die politische Argumentation sind quantitative Erkenntnisse keine unabdingbare Voraussetzung, die logische Identifizierung der Tatbestände rechtfertigt ihre politische Berücksichtigung.

Auf der Basis dieser drei Grundannahmen können die Ergebnisse der Studie politisch ausgewertet werden. Allerdings stets mit der nicht zu unterschätzenden Einschränkung, die Fakten aber nicht ihre quantitative Auswirkung zu kennen. Für politisches Handeln ist daher ein relativ hohes Entscheidungsrisiko vorhanden, das nur durch eine "Politik der kleinen Schritte" eingegrenzt werden kann.

Ausgangspunkt der weiteren Überlegungen bildet die Hypothese, daß in entwikkelten Volkswirtschaften wie der Bundesrepublik die Wachstums- und Struktureffekte von Verkehrsinvestitionen nicht sehr stark ausgeprägt sind.[53] Die inhärent mit der Induzierung von positiven Effekten verbundenen negativen (unerwünschten) Effekte[54] gewinnen daher an Bedeutung.

Die verkehrspolitische Strategie sollte folglich auf die Stärkung der positiven Effekte und der gleichzeitigen Schwächung der negativen Effekte ausgelegt sein. Möglichkeiten zur Verfolgung einer solchen verkehrspolitischen Studie, die festgestellt hat, daß einige Formen der Finanzierung von Verkehrsinvestitionen Auswirkungen auf die Intensität und die Richtung der verkehrsökonomischen Effekte besitzen. Diese Finanzierungsformen können demnach gezielt zur Stärkung der positiven und zur Schwächung der negativen Effekte eingesetzt werden. Die verkehrspolitischen Maßnahmen werden in ihrer Wirkung durch flankierende finanzpolitische Maßnahmen gestärkt, was ingesamt zu einer effizienten Verkehrspolitik führt.

Ein Nachteil dieser Strategie ist die Unsicherheit über den Grad der Stärkung der positiven bzw. den Grad der Schwächung der negativen verkehrsökonomischen Effekte. Die nicht geleistete empirische Identifikation der logisch aufgezeigten Wirkungszusammenhänge macht eine Dosierung der flankierenden Maßnahmen unmöglich. Die Verkehrspolitik kann daher die logisch identifizierten Zusammenhänge nur mit einem Risiko bezüglich der erwarteten Wirkungen ausnutzen. Die Ausnutzung verspricht allerdings eindeutige Vorteile, die der Verkehrspolitik das Sammeln empirischer Erfahrungen über die Wirkungszusammenhänge erlauben. Die Verkehrspolitik muß folglich durch konkrete Maßnahmen gemäß der aufgezeigten Strategie empirische Fakten schaffen, an denen diese Maßnahmen und folgende zu beurteilen wären. Die Verkehrspolitik ist somit in der Dilemmasituation, ihre Maßnahmen erst aufgrund der Erfahrungen bei der Durchführung dieser Maßnahmen beurteilen zu können. Diese Tatsache rechtfertigt sicher die Durchführung der ersten Maßnahmen nach der aufgezeigten Strategie.

ANMERKUNGEN:

1) Vgl. zu diesen Effekten aus verkehrsökonomischer Sicht VOIGT, Fritz: Verkehr und Industrialisierung, in: Zeitschrift für die gesamte Staatswissenschaft, 109. Bd. (1953), S. 193 - 239;
ders.: Die gestaltende Kraft der Verkehrsmittel in wirtschaftlichen Wachstumsprozessen, Bielefeld 1959;
ders.: Die volkswirtschaftliche Bedeutung des Verkehrssystems, Berlin 1960;
ders.: Verkehr, 2 Bde., Berlin 1965 und 1973.

2) Vgl. u.a. SCHREYER, Michaele: Methoden und Probleme einer Inzidenzanalyse von Straßenbauausgaben, in: Zeitschrift für Verkehrswissenschaft, 50. Jg. (1979), S. 25 - 43;
DENNERLEIN, Rudolf: Die regionale Inzidenz von öffentlichen Ausgaben für Straßen: Methodische Probleme und empirische Ergebnisse, in: Zeitschrift für Verkehrswissenschaft, 52. Jg. (1981), S. 89 - 105.

3) Vgl. u.a. ABERLE, Gerd: Verkehrsinfrastrukturinvestitionen im Wachstumsprozeß entwickelter Volkswirtschaften, Düsseldorf 1972;
ABERLE, Gerd: Verkehrspolitik und Regionalentwicklung, Bonn 1981;
FRERICH, Johannes: Die regionalen Wachstums- und Struktureffekte von Autobahnen in Industrieländern, Berlin 1974;
VOIGT, Fritz: Verkehr;

WILLEKE, Rainer: Wachstums- und Struktureffekte von Autobahnen unter Berücksichtigung von Zielen der Raumplanung, Köln 1977.

4) Vgl. zur Definition "Ausgaben" WÖHE, Günter: Einführung in die Allgemeine Betriebswirtschaftslehre, 11. Aufl., München 1975, S. 685.

5) Vgl. ABERLE, Gerd: Verkehrsinfrastrukturinvestitionen im Wachstumsprozeß entwickelter Volkswirtschaften, Düsseldorf 1972, S. 11. Er grenzt den Begriff der Investition auf den Bereich der materiellen Infrastruktur ein.

6) Vgl. SCHNEIDER, Erich: Wirtschaftlichkeitsrechnung und Theorie der Investition, 5. Aufl., Tübingen, Zürich 1964, S. 1 - 8.

7) Vgl. LASCHET, Wilhelm; WITTE, Hermann: Systematisierung und Abgrenzung von Verkehrsinvestitionen unter Evaluierungsaspekten, in: Internationales Verkehrswesen, 28. Jg. (1977), S. 291 - 295, hier S. 291.

8) Vgl. ebenda, S. 291 f.

9) Vgl. VOIGT, Fritz: Verkehr, Bd. I.

10) Vgl. KAMP, M. Ernst; SEEL, Barbara: Grundlegung der Finanzwissenschaft, Bonn 1968, S. 57.

11) WAGNER, Adolph: Finanzwissenschaft, 1. Teil, 3. Aufl., Leipzig, Heidelberg 1883, S. 76 f.

12) Vgl. zu den Modal Split-Werten BMV (Hrsg.): Verkehr in Zahlen 1972, Bonn 1972 und folgende Jahrgänge.

13) BMF (Hrsg.): Finanzbericht 1982, Bonn 1981, S. 62, 79;
BMF (Hrsg.): Finanzbericht 1983, Bonn 1982, S. 58, 72.

14) Vgl. BMV: Bundesverkehrswegeplan '80, Bonn o.J.

15) Ebenda, S. 15.

16) KAMP, M. Ernst; SCHÖNBECK, Wolfgang; SMOLINSKI, Dieter; WEILER, Heinrich: Öffentliche Finanzwirtschaft, Köln 1975.

17) ALBACH, Horst: Investition und Liquidität, Wiesbaden 1962; SWOBODA, Peter: Finanzierungstheorie, Würzburg, Wien 1973.

18) MAY, Friedrich W.: Die Finanzierung der Verkehrsinvestitionen, Göttingen 1966.

19) Vgl. zur Problematik der Steuerfunktionen KAMP, M. Ernst; ROTHKEGEL, Christoph: Steuerlehre, Allgemeiner Teil, Bonn 1971, S. 152 ff.

20) Vgl. Artikel 3 Verkehrsfinanzgesetz (VFG) vom 28. Februar 1972 (BGBl. I, S. 201, BGBl. III, 910-7).

21) Vgl. § 10 Gesetz über Finanzhilfen des Bundes zur Verbesserung der Verkehrsverhältnisse der Gemeinden (Gemeindeverkehrsfinanzierungsgesetz - GVFG) in der Fassung vom 13. März 1972 (BGBl.I,S.502, BGBl. III, 910-6); vgl. zum Problem der Zweckbindung u.a. FECHER, Hans: Probleme der Zweckbindung öffentlicher Einnahmen, Berlin 1963.

22) Vgl. zu den Gebühren FETTEL, Johannes: Die Finanzierung öffentlicher Einrichtungen über Gebühren, in: Finanzarchiv, N.F. Bd. 20 (1959/60), S. 250 - 259.

23) Vgl. u.a. HANSMEYER, Karl-Heinrich: Der öffentliche Kredit, 2. Aufl., Frankfurt/M. 1970;
JÄHRIG, Alfred; SCHUCK, Hans: Handbuch des Kreditgeschäfts, 2. Aufl., Wiesbaden 1975;
DILL, Claus-Michael: Staatliche Schuldscheindarlehen, Berlin 1981.

24) Vgl. VOIGT, Fritz: Währungs- und Münzsystem, in: Handwörterbuch der Betriebswirtschaft, Bd. IV, Stuttgart 1962, Sp. 6135.

25) Vgl. SCHMÖLDERS, Günter: Zur Diskussion um die Olympia-Goldmünze, in: Kredit und Kapital, 4. Jg. (1971), S. 324 - 335.

26) Zur Diskussion der Problematik und der Grenzen des Leasings der öffentlichen Hand, vgl. u.a. Deutscher Städtetag: Sonderformen kommunaler Investitionsfinanzierung, Reihe G, DST - Beiträge zur Finanzpolitik, Heft 4, Köln 1976, S. 36 ff.

27) Vgl. zum Problemkreis BÖS, Dieter: Effizienz des öffentlichen Sektors aus volkswirtschaftlicher Sicht, in: Schweizerische Zeitschrift für Verkehrswirtschaft und Statistik, 114. Jg. (1978), S. 287 - 313.

28) Vgl. zum Problemkreis u.a. KIRBERGER, Wolfgang: Staatsentlastung durch private Verbände, Baden-Baden 1978.

29) Vgl. zur Theorie der Regulierung privater Unternehmen u.a. BÖS, Dieter: Ausweitung des öffentlichen Sektors durch Gebührenfinanzierung oder durch Verteilungssteuern? Ein Spezialfall staatlicher Regulierung, Institut für Gesellschafts- und Wirtschaftswissenschaften der Universität Bonn, Finanzwissenschaftliche Abteilung, Bonn 1979;
BÖS, Dieter: The Democratic Decision Fees versus Taxes, in: Kyklos, Vol. 33 (1980), S. 76 - 99.

30) Zum Problem der Finanzierung öffentlicher Institutionen über private Verbände vgl. KIRBERGER, Wolfgang: Staatsentlastung durch private Verbände, Baden-Baden 1978.

31) Vgl. u.a. POHMER, Dieter: Wirkungen finanzpolitischer Instrumente, in: Handbuch der Finanzwissenschaft, Bd. I, 3. Aufl., Tübingen 1977, S. 193 - 346;
ZIMMERMANN, Horst: Instrumente der Finanzpolitik, ebenda, S. 166 - 192.

32) Vgl. u.a. SCHREYER, Michaele: Methoden und Probleme einer Inzidenzanalyse von Straßenbauausgaben, in: Zeitschrift für Verkehrswissenschaft, 50. Jg. (1979), S. 25 - 43;
DENNERLEIN, Rudolf: Die regionale Inzidenz von öffentlichen Ausgaben für Straßen: Methodische Probleme und empirische Ergebnisse, in: Zeitschrift für Verkehrswissenschaft, 52. Jg. (1981), S. 89 - 105.

33) Vgl. zu dieser Hypothese u.a. VOIGT, Fritz: Die volkswirtschaftliche Bedeutung des Verkehrssystems, Berlin 1960;
ders.: Verkehr, Bd. I, Berlin 1973;
WILLEKE, Rainer: Wachstums- und Struktureffekte von Autobahnen unter Berücksichtigung von Zielen der Raumplanung, Köln 1977;
ABERLE, Gerd: Verkehrspolitik und Regionalentwicklung, Interpretation und Evaluierung der Verkehrspolitik im Rahmen der Regionalpolitik und der regionalen Entwicklungsplanung, Bonn 1981.

34) Vgl. zu dieser Hypothese VOIGT, Fritz; WITTE, Hermann; LASCHET, Wilhelm: Zur Bestimmung der Qualität der Versorgungs- und Erschließungsleistungen von Verkehrssystemen, Berlin 1980, S. 94.

35) Vgl. LASCHET, Wilhelm; WITTE, Hermann; VOIGT, Fritz: Kritische Auseinandersetzung mit den Methoden und Modellen zur Bewertung von Verkehrsinvestitionen, Opladen 1978, S. 242 ff.

36) Vgl. zum Begriff CARNAP, Rudolf: Grundlagen der Logik und Mathematik, München 1973, S. 21 ff.

37) Effekte in der Phase der Planung (Signaleffekte) und der Leistungserstellung werden hier nicht berücksichtigt.

38) Vgl. Grundsteuergesetz (GrStG) in der Fassung des Gesetzes zur Reform des Grundsteuerrechts vom 7. August 1973.

39) Vgl. Grunderwerbssteuergesetz (GrEStG) vom 29. März 1940 (RGBl. I, S. 585), §§ 1 - 23 (Bund); Grunderwerbssteuergesetz (GrEStG) in der Fassung der Bekanntmachung vom 12. Juli 1970 (GV. NW. S. 612) §§ 1 - 15 (NRW).

40) In Hamburg, Berlin und Rheinland-Pfalz wird kein Zuschlag erhoben, dafür ist der Grundbetrag 7 %.

41) Vgl. Gewerbesteuergesetz (GewStG) in der Fassung vom 20. Oktober 1969 (BGBl. I, S. 2022; III 611-5).

42) Vgl. Einkommensteuergesetz (EStG) in der Fassung vom 5. September 1974 (BGBl. I, S. 2166; BGBl. III, 611 - 1).

43) Vgl. Kraftfahrzeugsteuergesetz (KraftStG) in der Fassung vom 1. Dezember 1972 (BGBl. I, S. 2210; BGBl. III, 611-17).

44) Vgl. Kraftfahrzeugsteuer-Durchführungsverordnung (KraftStDV) vom 14. Juni 1961 (BGBl. I, S. 764).

45) Vgl. Mineralölsteuergesetz (MinöStG) in der Fassung vom 20. Dezember 1963 (BGBl. I, S. 1004; BGBl. III, 612-14).

46) Zur Diskussion um die Wirkungen der Mineralölsteuer vgl. "Raumwirksamkeit der Mineralölsteuer", Informationen zur Raumentwicklung, Heft 1, 1974.

47) Vgl. zur Wirksamkeitsanalyse des Systems des kommunalen Finanzausgleichs LIEBFRITZ, Willi; TESCHNER,Stephan: Der Einfluß des Steuersystems und des kommunalen Finanzsystems auf die Landesentwicklung, Berlin 1981, S. 107 ff.;
EHRLICHER, Werner et al: Kommunaler Finanzausgleich und Raumordnung, Hannover 1967.

48) Zur Praktizierung der Gebühren und zum Gebührenrecht in verschiedenen Ländern vgl. GERLOFT, Wilhelm: Die Gebühren, in: Handwörterbuch der Finanzwissenschaft, 2. Bd., 2. Aufl., Tübingen 1956, S. 203 - 224.

49) Vgl. zu diesen Wirkungen des Kreditsystems SCHMIDT, Herbert: Räumliche Wirkungen der Investitionen im Industrialisierungsprozeß, Köln, Opladen 1966, S. 160 f.;
STEINMANN; Bodo: Räumliche "backwash"- und "spread"-Effekte des Kreditsystems der Bundesrepublik Deutschland, in: JOACHIMSEN, Reimut; SIMONIS, Udo E. (Hrsg.): Theorie und Praxis der Infrastrukturpolitik, Schriften des Vereins für Sozialpolitik, N.F. Bd. 54, Berlin 1970, S. 475-493.

50) Vgl. BEESLEY, M.E.; FOSTER, C.D.: The Victoria-Line; Social Benefit and Finances, in: Journal of the Royal Statistical Society, Series A, Vol. 128 I (1965, S. 67-88.

51) Vgl. ABERLE, Gerd: Verkehrspolitik und Regionalentwicklung, Interpretation und Evaluierung der Verkehrspolitik im Rahmen der Regionalpolitik und der regionalen Entwicklungsplanung, Bonn 1981;
FRERICH, Johannes: Die regionalen Wachstums- und Struktureffekte von Autobahnen in Industrieländern, Berlin 1974;
BMBAU: Regionale Wirkungen des Bundesfernstraßenbaus, Schriftenreihe BMBAU 06.024, Bonn 1978.

52) Vgl. zu diesen Begriffen CARNAP, Rudolf: Grundlagen der Logik und Mathematik, München 1973, S. 21 ff.

53) Vgl. zu dieser Hypothese VOIGT, Fritz; WITTE, Hermann; LASCHET, Wilhelm: Zur Bestimmung der Qualität der Versorgungs- und Erschließungsleistungen von Verkehrssystemen, Berlin 1980, S. 94.

54) Vgl. zur Entstehung negativer Effekte TUCHTFELDT, Egon: Über unerwünschte Nebenwirkungen wirtschaftspolitischer Maßnahmen, in: Kyklos, Vol. 23 (1970), S. 720 - 735.

LITERATURVERZEICHNIS

I. BÜCHER UND AUFSÄTZE:

ABERLE, Gerd: Verkehrsinfrastrukturinvestitionen im Wachstumsprozeß entwickelter Volkswirtschaften, Düsseldorf 1972

ABERLE, Gerd: Verkehrspolitik und Regionalentwicklung, Interpretation und Evaluierung der Verkehrspolitik im Rahmen der Regionalpolitik und der regionalen Entwicklungsplanung, Bonn 1981

ALBACH, Horst: Investitionen und Liquidität, Wiesbaden 1962

BEESLEY, M.E.; FOSTER, C.D.: The Victoria-Line: Social Benefit and Finances, in: Journal of the Royal Statistical Society, Series A, Vol. 128 I (1965), S. 67 - 88

BMBAU: Regionale Wirkungen des Bundesfernstraßenbaus, Schriftenreihe BMBAU 06.024, Bonn 1978

BMF (Hrsg.): Finanzbericht 1982, Bonn 1981

BMF (Hrsg.): Finanzbericht 1983, Bonn 1982

BMV: Bundesverkehrswegeplan '80, Bonn o.J.

BMV (Hrsg.): Verkehr in Zahlen 1972, Bonn 1972 und folgende Jahrgänge

BÖS, Dieter: Ausweitung des öffentlichen Sektors durch Geführenfinanzierung oder durch Verteilungssteuern? Ein Spezialfall staatlicher Regulierung, Institut für Gesellschafts- und Wirtschaftswissenschaften der Universität Bonn, Finanzwissenschaftliche Abteilung, Bonn 1979

BÖS, Dieter: Effizienz des öffentlichen Sektors aus volkswirtschaftlicher Sicht, in: Schweizerische Zeitschrift für Verkehrswirtschaft und Statistik, 114. Jg. (1978), S. 287 - 313

BÖS, Dieter: The Democatric Decision Fees versus Taxes, in: Kyklos, Vol. 33 (1980), S. 76 - 99

CARNAP, Rudolf: Grundlagen der Logik und Mathematik, München 1973

DENNERLEIN, Rudolf: Die regionale Inzidenz von öffentlichen Ausgaben für Straßen: Methodische Probleme und empirische Ergebnisse, in: Zeitschrift für Verkehrswissenschaft, 52. Jg. (1981), S. 89 - 105

DEUTSCHER STÄDTETAG: Sonderformen kommunaler Investitionsfinanzierung, Reihe G: DST-Beiträge zur Finanzpolitik, Heft 4, Köln 1976

DILL, Claus-Michael: Staatliche Schuldscheindarlehen, Berlin 1981

EHRLICHER, Werner et al: Kommunaler Finanzausgleich und Raumordnung, Hannover 1967

FALTER, Manuel: Die Praxis des Kreditgeschäfts, 9. Aufl., Stuttgart 1977

FECHER, H.: Probleme der Zweckbindung öffentlicher Einnahmen, Berlin 1963

FETTEL, Johannes: Die Finanzierung öffentlicher Einrichtungen über Gebühren, in: Finanzarchiv, N.F. Bd. 20 (1959/60), S. 250 - 259

FRERICH, Johannes: Die regionalen Wachstums- und Struktureffekte von Autobahnen in Industrieländern, Berlin 1974

GERLOFT, Wilhelm: Die Gebühren, in: Handwörterbuch der Finanzwissenschaft, 2. Bd., 2. Aufl., Tübingen 1956, S. 203 - 224

GRUNWALD, Jorg-Günther; WITTE, Hermann: Möglichkeiten zur Deckung des Finanzbedarfs öffentlicher Investitionen, Diskussionspapiere der Gesellschaft für wirtschafts- und verkehrswissenschaftliche Forschung, Abt. Spar-, Giro- und Kreditwesen, Heft 32, Bonn 1978

HANSMEYER, Karl-Heinrich: Der öffentliche Kredit, 2. Aufl., Frankfurt/M. 1970

JÄHRIG, Alfred; SCHUCK, Hans: Handbuch des Kreditgeschäfts, 2. Aufl., Wiesbaden 1975

KAMP, M. Ernst; ROTHKEGEL, Christoph: Steuerlehre, Allgemeiner Teil, Bonn 1971

KAMP, M. Ernst; SCHÖNBECK, Wolfgang; SMOLINSKI, Dieter; WEILER, Heinrich: Öffentliche Finanzwirtschaft, Köln 1975

KAMP, M. Ernst; SEEL, Barbara: Grundlegung der Finanzwissenschaft, Bonn 1968

KIRBERGER, Wolfgang: Staatsentlastung durch private Verbände, Baden-Baden 1978

LASCHET, Wilhelm; WITTE, Hermann: Systematisierung und Abgrenzung von Verkehrsinvestitionen unter Evaluierungsaspekten, in: Internationales Verkehrswesen, 28. Jg. (1977), S. 291 - 295

LASCHET, Wilhelm; WITTE, Hermann; VOIGT, Fritz: Kritische Auseinandersetzung mit den Methoden und Modellen zur Bewertung von Verkehrsinvestitionen, Opladen 1978

LIEBFRITZ, Willi; TESCHNER, Stephan: Der Einfluß des Steuersystems und des kommunalen Finanzsystems auf die Landesentwicklung, Berlin 1981

MAY, Friedrich W.: Die Finanzierung der Verkehrsinvestitionen, Göttingen 1966

O.V.: Raumwirksamkeit der Mineralölsteuer, Informationen zur Raumentwicklung, Heft 1, 1974

POHMER, Dieter: Wirkungen finanzpolitischer Instrumente, in: Handbuch der Finanzwissenschaft, Bd. I, 3. Aufl., Tübingen 1977, S. 193 - 346

SCHMIDT, Herbert: Räumliche Wirkungen der Investitionen im Industrialisierungsprozeß, Köln, Opladen 1966

SCHMÖLDERS, Günter: Zur Diskussion um die Olympia-Goldmünze, in: Kredit und Kapital, 4. Jg. (1971), S. 324 - 335

SCHNEIDER, Erich: Wirtschaftlichkeitsrechnung und Theorie der Investition, 5. Aufl., Tübingen, Zürich 1964

SCHREYER, Michaele: Methoden und Probleme einer Inzidenzanalyse von Straßenbauausgaben, in: Zeitschrift für Verkehrswissenschaft, 50. Jg. (1979), S. 25 - 43

STEINMANN, Bodo: Räumliche "backwash"- und "spread"-Effekte des Kreditsystems der Bundesrepublik Deutschland, in: JOACHIMSEN, Reimut; SIMONIS,Udo E. (Hrsg.): Theorie und Praxis der Infrastrukturpolitik, Schriften des Vereins für Socialpolitik, N.F. Bd. 54, Berlin 1970, S. 475 - 493

SWOBODA, Peter: Finanzierungstheorie, Würzburg, Wien 1973

TUCHTFELDT, Egon: Über unerwünschte Nebenwirkungen wirtschaftspolitischer Maßnahmen, in: Kyklos, Vol. 23 (1970), S. 720 - 735

VOIGT, Fritz: Die gestaltende Kraft der Verkehrsmittel in wirtschaftlichen Wachstumsprozessen, Bielefeld 1959

VOIGT, Fritz: Die volkswirtschaftliche Bedeutung des Verkehrssystems, Berlin 1960

VOIGT, Fritz: Verkehr und Industrialisierung, in: Zeitschrift für die gesamte Staatswissenschaft, 109. Bd. (1953), S. 193 - 239

VOIGT, Fritz: Verkehr, 2 Bde, Berlin 1965 und 1973

VOIGT, Fritz: Währungs- und Münzsystem, in: Handwörterbuch der Betriebswirtschaft, Bd. IV, Stuttgart 1962, Sp. 6135

VOIGT, Fritz; WITTE, Hermann; LASCHET, Wilhelm: Zur Bestimmung der Qualität der Versorgungs- und Erschließungsleistungen von Verkehrssystemen, Berlin 1980

WAGNER, Adolph: Finanzwissenschaft, 1. Teil, 3. Aufl., Leipzig, Heidelberg 1883

WILLEKE, Rainer: Wachstums- und Struktureffekte von Autobahnen unter Berücksichtigung von Zielen der Raumplanung, Köln 1977

WÖHE, Günter: Einführung in die Allgemeine Betriebswirtschaftslehre, 11. Aufl., München 1975

ZIMMERMANN, Horst: Instrumente der Finanzpolitik, in: Handwörterbuch der Finanzwissenschaft, Bd. I, 3. Aufl., Tübingen 1977, S. 166 - 192

II. GESETZE UND SONSTIGES:

Einkommenssteuergesetz (EStG) in der Fassung vom 5. September 1974 (BGBl. I, S. 2166; BGBl. III, 611-1)

Gesetz über Finanzhilfen des Bundes zur Verbesserung der Verkehrsverhältnisse der Gemeinden (Gemeindeverkehrsfinanzierungsgesetz - GVFG) in der Fassung vom 13. März 1972 (BGBl.I,S.502, BGBl. III, 910-6)

Gewerbesteuergesetz (GewStG) in der Fassung vom 20. Oktober 1969 (BGBl. I, S. 2022; III 611-5)

Grunderwerbssteuergesetz für die Bundesrepublik Deutschland (GrEStG) vom 29. März 1940 (RGBl. I, S. 585)

Grunderwerbssteuergesetz für das Land Nordrhein-Westfalen (GrEStG) in der Fassung der Bekanntmachung vom 12. Juli 1970 (GV. NW. S. 612)

Grundsteuergesetz (GrStG) in der Fassung des Gesetzes zur Reform des Grundsteuerrechts vom 7. August 1973

Kraftfahrzeugsteuergesetz (KraftStG) in der Fassung vom 1. Dezember 1972 (BGBl. I, S. 2210; BGBl. III, 611-17)

Kraftfahrzeugsteuer-Durchführungsverordnung (KraftStDV) vom 14. Juni 1961 (BGBl. I, S. 764)

Mineralölsteuergesetz (MinöStG) in der Fassung vom 20. Dezember 1963 (BGBl. I, S. 1004; BGBl. III, 612-14)

Verkehrsfinanzgesetz (VFG) vom 28. Februar 1972 (BGBl. I, S. 201, BGBl. III, 910-7)

SACHWORTVERZEICHNIS

GPSR Compliance

*The European Union's (EU) General Product Safety Regulation (GPSR) is a set of rules that requires consumer products to be safe and our obligations to ensure this.*

*If you have any concerns about our products, you can contact us on ProductSafety@springernature.com*

In case Publisher is established outside the EU, the EU authorized representative is:

Springer Nature Customer Service Center GmbH
Europaplatz 3
69115 Heidelberg, Germany

**Batch number: 10809636**

Printed by Printforce, the Netherlands